AF218397

Hasta que la vida nos separe

última línea
de ensayo

Hasta que la vida nos separe

Lola Bueno Sanmartín

Primera edición, mayo de 2024

© Lola Bueno Sanmartín, 2024

© Diseño de cubierta: Bb García-Heras / www.disecreativo.com

© Última línea, S.L., 2024
  Strachan, 11
  29015 Málaga
  www.ultimalinea.es
  editorial@ultimalinea.es

 www.facebook.com/EditorialUltimaLinea

 @EdUltimaLinea

Cualquier forma de reproducción, distribución, comunicación pública o
transformación de esta obra solo puede ser realizada con la autorización de sus
titulares, salvo excepción prevista por la ley. Si necesita fotocopiar o escanear
algún fragmento de esta obra diríjase a CEDRO (Centro Español de Derechos
Reprográficos, www.cedro.org)

ISBN: 978-84-18492-73-0
Depósito legal: MA 1946-2024
THEMA: VFVS

Impreso en España — Unión Europea

A mis padres

ÍNDICE

CAPÍTULO I

INTRODUCCIÓN

Considero que hace tiempo que dejé de sufrir por amor. Con cuarenta años tuve una relación, de dos, que fue tan nefasta para mí que supuso un gran aprendizaje, pues vi lo que era estar en pareja sin serlo. Han pasado los años, y relacionándome con personas de mi edad y con gente mayor que yo, y también menor, veo que a pesar de tener ya un recorrido vital, a pesar de estar hablando de personas que tienen a lo mejor cincuenta y muchos, encuentro que viven situaciones de dependencia emocional que les hacen sufrir como cuando se es joven, entendiendo que es en ese momento cuando somos más enamoradizos y hay vaivenes.

Es decir, el amor no tiene edad, y eso ya se escucha, pero se escucha cuando hablamos de alguien que en su madurez ha iniciado una relación que le produce satisfacción y le aporta. Hablamos de lo bonito y esperanzador que es ver que se dan esas situaciones de enamoramiento en momentos de la vida donde parece que ya no se esperan. Pero no contamos con que los asuntos amorosos no tienen edad también para lo negativo que pueden entrañar. Podemos pasar toda una existencia sufriendo por amor o por desamor o por ausencia de amor. No solo forman parte las experiencias negativas de una franja de edad. El enamoramiento te puede ocurrir con 70 años y el sufrir por amor también puede pasar a lo largo de toda la vida y puede ser demasiado lo que uno puede juntar por sufrimiento por todo este asunto de la pareja a lo largo de los años. No es cosa de niños o jóvenes. Las personas nos metemos en situaciones sentimentales que podemos arrastrar durante nuestra existencia de forma más o menos penosa. Este ensayo va dirigido a la búsqueda de soluciones para que todas estas penalidades sean lo más livianas posibles y den paso a un mayor disfrute de la existencia. Hay grandes amores, hay personas que tienen la fortuna de estar emparejadas de por vida, siendo felices, con respeto y sintiendo admiración la una por la otra, y lógicamente este ensayo no habla de ellas, sino de todas las demás, que son muchas.

Se ha escrito a partir de dos ideas. Por un lado, para abrir un debate sobre un elemento del sistema que es fundamental en el mismo, y que no puede permanecer por más tiempo como una de las piezas clave que supone: la monogamia permanente establecida para el ser humano, que se hace oficial mediante el contrato del matrimonio, y las repercusiones negativas que se derivan de la misma.

Cuando se habla del sistema, se habla del marco vital en el que coexistimos: a nivel social, religioso, educacional, cultural, tradicional e institucional, nos encontramos desde que nacemos rodeados de un conjunto de circunstancias globales y colectivas que tienen una gran influencia en nuestra vida. Sobre todas ellas, que varían respecto de unos lugares del mundo a otros, rigen dos condicionantes que tienen un peso que sobrepasa al resto de los elementos: la forma de gobierno del Estado, diferenciándose democracia frente a dictadura a la hora de la determinación de la serie de derechos civiles que vamos a disfrutar por ser ciudadanos de un lugar u otro, y la religión.

No se quiere profundizar en el inicio, en los orígenes, y en la historia del matrimonio, sino en la situación actual que viven a nivel individual y colectivo los individuos como consecuencia del mantenimiento de esta figura como principal forma de coexistencia en la vida adulta, que tiene consecuencias negativas para muchos individuos: para los que se vinculan oficialmente a otra persona, cuando no funciona (y resulta no funcionar demasiado a menudo); para los que se querían vincular a alguien, y no lo logran (porque les han enseñado que no han logrado la meta); para los seres que rodean la vida de una persona, que sufren porque creen que esa persona tenía que casarse, porque les han enseñado que eso haría nuestra existencia más feliz (un padre quiere ver a su hijo casado y sufre por ello); y para quienes han elegido salirse de la rueda, y soportan la crítica de los demás, o la curiosidad, como si fueran bichos raros.

El sufrimiento que se genera alrededor de la figura de la monogamia permanente es enorme. Y todo esto viene institucionalizado desde tiempo tan inmemorial, que en mucha medida no es ahora culpa de nadie: el padre que quiere ver a su hija casada y se preocupa por ello no se ha parado a pensar que su hija puede sentirse la persona más feliz del mundo estando sola, porque eso no se contempla. Las tres grandes religiones que aglutinan al 70% de la población mundial (cristianismo, islamismo e hinduismo), entienden la vida adulta en matrimonio como la única posible. Y es que en lugares donde esas no son las religiones predominantes también el asunto del emparejamiento de por vida es clave, como ocurre con China, por ejemplo, con más de 1.400 millones de individuos.

Recientemente un recién separado me contaba que había sentido cierto rechazo por parte de otros compañeros de trabajo como consecuencia de haberse conocido su reciente separación. La sociedad no trata igual a un soltero que a un casado, le contesté, pero aún, parece que el separado/divorciado ha llegado a casarse, cosa que no ha logrado el que permanece soltero. Él, siempre casado hasta ahora, no había percibido esa impresión, con lo que cada uno parece fijarse siempre más en su situación, frente a lo que les puede ocurrir a los pertenecientes a otro colectivo, pero sea como fuere, la realidad es que en pleno siglo XXI y en plena Europa, esta es la conversación. Y continué diciéndole: «¿No es acaso perjudicial para un candidato político el hecho de estar soltero?». Y efectivamente, me contestó que él se fiaría menos de un gobernante soltero, pues el hecho de que un hombre tenga pareja (se entiende fija) da una sensación de que se va a comportar más seriamente de cara a gobernar al resto (y sin hablar de que fuera una mujer la candidata).

¿Cuántas veces se habla de parejas de conveniencia en el mundo del espectáculo? Parejas de actores y actrices de las que se dice se forman por motivos publicitarios, para sus carreras profesionales, para darse a conocer en uno u otro lugar. Viene bien estar en pareja, y además nadie cuestiona entonces tu condición sexual. En ambientes conservadores, como en los mundos de la banca y las finanzas de élite, es mejor y conveniente estar casados para los directivos. Todo nos indica el camino a seguir. Está interiorizado que no le ha ido mal en el amor a una persona que lleva casada 30 años (y puede que la relación sea insatisfactoria pero no lo cuestionamos) y que le ha ido mal en el amor a una mujer de 45 años que está sin pareja (y puede que haya tenido 3 o 4 muy satisfactorias relaciones de 2 o 3 años de duración, cada una de ellas). Este es el ambiente que nos rodea, este conjunto de impresiones, de forma global e inconsciente.

En segundo lugar, se trata de trasladar al plano individual esa injerencia del sistema, con lo que para cada uno supone, al nivel de nuestras experiencias personales, con la idea de asimilar que no hay culpables cuando una relación se termina, que no hay que estar necesariamente acompañado, que es natural que las relaciones se terminen y, en definitiva, que hay otros mundos y caminos donde no se gira en torno a la pareja para toda la vida. La vida de todos, con y sin pareja, queda condicionada por este asunto, y eso ha de dejar de ser el pensamiento más extendido en relación a cómo han de relacionarse afectivamente los seres humanos, porque el sufrimiento que se genera es enorme, aunque mucho del mismo permanezca soterrado. Genera alegría también, indudablemente, pero cuando esta pasa, se entra demasiado a menudo en largos procesos vitales penosos por el hecho de no asimilar el fin de la relación satisfactoria (y cuántas relaciones acabadas han tenido más periodo infeliz que feliz).

El contrato del matrimonio que se firma, aún de forma universal, conlleva una serie de obligaciones que son casi imposibles de cumplir por la naturaleza del ser humano, pero se considera que el contrato es correcto como está, haciendo pensar a muchos de quienes lo incumplen que son unos fracasados por no haberse adaptado al sistema en la forma en que se les pedía.

El acuerdo del matrimonio no está funcionando, y no lo hace para ninguna de las partes. La situación de encontrarse en una relación de convivencia (no se contempla el contrato si no se va a convivir) que no funciona es perjudicial para los dos individuos. Las consecuencias de que una relación se mantenga más allá de la etapa en la que dos personas aportan a la otra más satisfacción que insatisfacción tiene consecuencias para las dos, y es desde este enfoque y teniendo en cuenta esta igualdad desde la que se analiza la situación. Lo que no funciona es la figura del matrimonio, no las partes que integran el mismo. Hay hombres y mujeres absolutamente educados y de trato agradable y sobresaliente que se transforman cuando entran en casa y con la única persona con la que se relacionan de forma irrespetuosa, sacando del interior lo peor de sí, es su pareja, y ello es así porque la relación de monogamia inicialmente querida terminó, y lo que queda es una situación de falta de libertad del individuo, que ya no quiere permanecer vinculado a esa otra persona, a la que se encuentra atada (cuántas veces decimos cuando oímos detalles de la vida familiar eso de «¡Con lo maja que es!, si no me lo dices, no me lo creo» o «Menudo controlador, luego en grupo siempre es tan dispuesto y atento...»). La privación de libertad es lo peor que puede ocurrirle a un animal, y a un ser humano por tanto, una vez satisfechas las necesidades básicas. Sería pueril decir que uno puede terminar con el contrato cuando quiera y sin más consecuencias, porque el sistema nos ha puesto difícil esa terminación.

Ese sistema global mundial, ahora bien, en el que se encuadra esta figura del matrimonio, perjudica a la mujer frente al hombre (desde el inicio), y el machismo se cuela en nuestras vidas como el agua por cualquier rendija. No es lo mismo que un hombre haya tenido tres mujeres, a que una mujer haya tenido tres maridos, y debería, pero se nos vienen a la cabeza diferentes pensamientos según el caso (y de nuevo, a pesar de que obviamente somos responsables de lo que opinamos, hay un componente de nuestra opinión en la educación, la cultura y la tradición que nos enseñan desde que nacemos, y todo ello sí es machista). También debemos transformar el sistema en relación a esta situación, pero en este análisis lo que se destaca es el mantenimiento de la figura de la monogamia prolongada, que como tal perjudica a ambos sexos, por ir contra la naturaleza del ser humano, sin distinción.

Las esposas de la policía privan de la libertad de movimiento y la idea de estar esposado es totalmente contraria a la libertad, pero pensamos que somos libres en una democracia y sin embargo la vinculación a una persona nos esposa, voluntariamente.

Hay hombres y mujeres que, no sintiendo particular respeto y admiración por la pareja, prefieren la vida al lado de otra persona por diversos motivos. Que tomen las decisiones por ellos, por ejemplo, y que tendrán en el modelo del matrimonio un aliado, por así decir (se les podría identificar como calzonazos, a ellos, y a ellas, por ejemplo, quizás como mantenidas, término con connotaciones económicas, además). Es decir, aun limitando la libertad natural, habrá quien quiera esa permanencia, pero ello no puede universalizar el contrato para todos. Y por supuesto hay afortunados a los que el contrato les ha funcionado a la perfección y se volverían a casar entre ellos mil veces, y para ellos no hay motivo de sufrimiento, y habrían estado quizás igual de bien sin celebrar el contrato.

Hemos desplazado a un lado la parte natural del ser humano, la hemos ocultado u obviado, pero no se puede luchar contra la naturaleza, porque siempre gana. El ser humano es un animal mamífero, y en consecuencia, no se vincula de por vida a otro ser de su especie, como puede ocurrir con las aves, aunque pueda estar vinculado a otro ser humano afectivamente de manera exclusiva en un momento determinado ¿Por qué firmar contratos de permanencia? ¿Y por qué sufrir cuando ocurre el fenómeno natural por el que un individuo pierde un interés exclusivo en otro individuo, más aún cuando el control por ese sentimiento de atracción escapa a su voluntad?

La institución del matrimonio trasciende cualquier régimen de forma de Estado, cualquier régimen económico, cualquier ideología política y cualquier religión.

El derecho a la vivienda pasa casi para cualquier joven de hoy en día por la condición de estar emparejado, pues el desempleo juvenil y los sueldos iniciales, combinados con los precios de la vivienda, ya sea para comprar o alquilar, suponen un cóctel que deja al individuo sin posibilidad de elección. ¿Cómo sería el mercado de la vivienda si se contara con presupuestos individuales de forma mayoritaria, en lugar de estar formada la demanda por parejas de nóminas o ingresos? Quizás encontraríamos ratios más razonables entre los sueldos y los precios de los pisos y se acabaría eso de que con quien te casas es con la hipoteca, con plazos de devolución que superan casi en todos los casos al tiempo que los hipotecados fueron felices juntos. El sistema está bien engranado para mantener la situación tal cual está, le pese lo que le pese a nuestra salud mental y emocional. Han roto barreras los homosexuales, han sido ariete mostrando que hay otras posibilidades en la sexualidad. Han estado ahí toda la vida, al igual que en la naturaleza, pero no es hasta hace muy poco, y también aún con muchos problemas, con ataques diarios, aún en Occidente (de nuevo por indicar la región del mundo donde las mentes habrían de ser más abiertas por niveles educacionales más altos), que el sistema está asimilando que no todas las parejas tienen que estar formadas por una mujer y un hombre. Hay que romper la mentalidad colectiva existente en cuanto a posibilidades de vida adulta en materia de convivencia con el prójimo. Hay ahí un mundo de posibilidades. Los conjuntos no pueden limitarse a los casados (o permanentemente unidos, parejas de larga duración) y los que aún no lo están. Hay otros muchos conjuntos y todos sus integrantes son igual de normales y puede que no estén tratando de cambiar su situación sentimental. La normalización de los conjuntos es clave para que todos los individuos se sientan igualmente aceptados, y el movimiento entre conjuntos ha de producirse sin fricción, de forma natural, y sabiendo, conociendo, que es natural estar solos.

Asumimos perfectamente que en Hollywood las parejas de actores y actrices se rompen habitualmente y miramos con admiración a aquellas que duran unos cuantos años en ese ambiente, como si solo ahí fuera milagroso que una pareja se lleve estupendamente a lo largo del tiempo. Estamos pensando entonces que si cualquiera de nosotros tuviera una vida profesional como la que tienen los profesionales del cine, nuestras parejas no durarían, y lo veríamos lógico (y natural), pero como somos profesores, economistas, dependientes o comerciales, entonces hemos tenido mucha suerte en el amor. O más bien lo que ocurre es que preferimos seguir en algo que no nos satisface porque pensamos que no vamos a tener un abanico de oportunidades para volver a tener pareja como les pueda ocurrir a los intérpretes de cine.

Ellos no tienen peor o mejor suerte que ninguna otra persona en materia de relaciones de pareja. Pero no permanecen en lo que no les satisface porque sus vidas no son rutinarias. Si nos dieran a todos una determinada cantidad de dinero y una vida en constante movimiento, las relaciones a menudo solo durarían lo que dura el tiempo del enamoramiento (salvo aquellos pocos casos en los que tras el fin de dicha fase permanecen el respeto, la admiración y la amistad, es decir, en muy escasas ocasiones). El sistema nos conduce a renunciar a nuestra libertad individual y sexual, pero la naturaleza se encarga de sacarlas a flote y la lucha y la fricción están garantizadas.

Hay que partir de un sistema educacional que transforme desde el inicio de la vida este sentir del sistema (recientemente, una entrevistadora preguntaba a niños pequeños por el amor, y estos respondían, entre otras cosas, que era «cosa para toda la vida» (febrero, 2023). Es decir, desde muy pequeños, tenemos ya esa idea formada. Y mientras se produce la transformación de esa conciencia colectiva, y una vez producida, debe haber un conjunto de medios y recursos que faciliten los cambios para los individuos cuando el contrato les falle. Las campañas en contra del maltrato que animan a denunciar y a terminar con situaciones dramáticas tienen que tener detrás una base sobre la que sustentarse. El sistema tiene que respaldar al individuo, o cuanto menos, no perjudicarle en sus andaduras vitales.

CAPÍTULO II

ORIGEN DEL MATRIMONIO. CUANDO EL ANIMAL SER HUMANO PASA DE LO NATURAL A LO 'CIVILIZADO'

En su proceso de civilización, el ser humano incurre en prácticas que tienen luego consecuencias por ser contrarias a la naturaleza, y la oficialización de vínculos es una de ellas, con otras como la de la posesión y la necesidad de una titularidad de los bienes, relacionadas con la primera.

Antes de la llegada de la agricultura, el humano se comportaba como cualquier otro animal mamífero. Digamos que todo se hacía por todos y para todos, de forma tribal, cazando en grupo y alimentando a la manada. Vivían en cuevas y la cueva no era de nadie, sino de un colectivo, de una manada que la ocupaba, y que, si era abandonada, podía ser ocupada por otra manada. Los grandes mamíferos viven generalmente de esta forma, en manada, en distintas variantes: unas veces en grupos formados por machos y hembras (como los simios), y otras en grupos formados solo por hembras, con un único macho, como se observa con los leones. No viven en grupos así formados las aves, por ejemplo, que pasan mucho más tiempo de su vida en grupos grandes o en soledad, y sí pueden tener, al contrario que los mamíferos, una pareja estable, ya sea para un periodo de reproducción, o para una vida. Esa forma de vida en pareja sí es natural.

En los simios, se da una promiscuidad con ciertas reglas. Hay rangos de hembras y de machos, y no todos se juntan con todos, a pesar de la libertad. Esos rangos existen también en nuestras normas sociales, y son normas no escritas, pero de nuevo, ahí están para hacer pensar que salirse de la norma es llamativo, o no normal, o malo (siendo el bien y el mal términos creados por el ser humano para enjuiciar).

Tanto una hembra como un macho humanos pueden sentir atracción física por cualquier otro macho o hembra, pero sin embargo, estamos condicionados por el sistema (todo lo llevamos aprendido, de nuevo digamos que no es culpa de nadie, padres, profesores, instituciones, tradiciones...): como hemos de encontrar una persona para toda la vida (no para un tiempo finito), se entiende que lo adecuado es que forme parte de nuestro rango o categoría.

Como la naturaleza impera, y es la atracción física la que manda, muchas veces se produce un emparejamiento fuera de lo establecido: una matemática que gusta vestir clásico puede emparejarse con un peón de la construcción tatuado hasta la coronilla, siendo ambos ejemplares perfectos para formar pareja natural. Ahora bien, el entorno social de cada uno de ellos puede echarse las manos a la cabeza. Si a todos y todas, en un experimento, nos vistieran con la misma ropa, nos echaran el mismo perfume, y nos asearan de pies a cabeza de igual forma, sin que pudiéramos distinguir quién pertenece a un estamento social o a otro, quién ha estudiado en universidades privadas o quién se dedica a la minería, por poner un ejemplo, tendríamos emparejamientos naturales, no condicionados. Igual ocurre con las diferencias de edad, que siguen siendo noticia, aunque muchos hombres y mujeres entenderían que, por ejemplo, ejemplares más jóvenes quieran tener un encuentro sexual con, pongamos, ídolos sexuales de hace 20 o 30 años que siguen estando estupendamente. Cabe por añadidura mencionar el machismo en este punto, pues aún más llamativo nos resulta la diferencia de edad, cuando es la mujer la mayor.

Con el trigo y la agricultura, resulta un excedente de producción. Acumulamos, cosa que no ocurre hasta entonces. Antes, se caza y se come, pero no sobra, porque no se conserva. Y para cultivar la tierra, ya no hace falta contar con toda la manada. Cada uno puede arar su terreno, y ahí nos individualizamos, dejando de ser manada, y cada uno tiene un terreno y quien es más fuerte puede hacerse con más terreno. Y con más producción. El león no acumula carne, no mata a otro animal si no le hace falta comer, pero el humano, con el cambio, vio que podía producir para que sobrara y ahí comenzaron las desigualdades entre quien más poder tiene y quien menos. Comienza la posesión de la tierra y nace la civilización del poder. El más fuerte tuvo más tierra, y con ello más trigo, y más excedente y si eso pasa al hijo, a lo mejor el hijo no es más fuerte físicamente que el hijo del vecino, pero tiene lo de su padre, lo hereda, con lo que en situación natural, uno podría arrebatarle al otro lo suyo por la fuerza física, pero ahora hay un papel que dice que la tierra es de uno, y esto tiene más poder, valga la redundancia, que el poder físico (lo que en la naturaleza es la lucha territorial, se convierte para y por nosotros en guerras, claro es). Y el asunto de la herencia, se podría decir, es la causa del origen del matrimonio, como veremos en el capítulo siguiente.

En su discurso sobre el origen de las desigualdades entre los hombres, Rousseau viene a describir cómo se produce esta separación entre la naturaleza y la civilización del hombre, cómo pasa del estado natural al estado social. Con este nacimiento de la agricultura y con esta idea de la posesión y con la fuerza que implica que uno puede poseer y otro se queda sin poseer. Así comienza la desigualdad social, porque es verdad que hay una desigualdad natural que viene dada por las condiciones físicas, por la edad de los distintos seres, por el sexo (la fuerza física del macho supera a la de la hembra), pero cuando el hombre pasa a socializar, civilizar estas desigualdades, los más poderosos establecen la norma y los menos poderosos se ven perjudicados y no necesariamente el más poderoso civilmente hablando es el más poderoso naturalmente hablando, el que más fuerza física tiene.

Hay un momento en el que termina el hombre natural y, como indica Rousseau, se hacen creaciones humanas y entre ellas, dice: creación humana es la unión duradera de macho y hembra. Si no fuera duradera la unión es natural, pero el hombre decide que esta unión es duradera. Hay una pertenencia y hay una persona que tiene más que otra y con esta idea del poder y la posesión nace también el matrimonio.

En la naturaleza existe a cambio una protección: un macho lucha contra otro por ser él el que se lleve el gato al agua. Un león protegerá a la manada de leonas con las que se aparea. Si le dejan de interesar, deja de protegerlas. Si un león pierde en una lucha, se aleja. El hombre lucha también para proteger sus posesiones (también a su pareja, mientras le interesa). Y el hombre, al igual que el resto de primates, vive en manada en la que conviven hembras y machos. Hay una protección de manada, pero también hay una protección de las hembras frente a los machos. Ellas son menos fuertes físicamente que los machos, como ocurre con el ser humano, pero al estar en grupo, si un macho quiere aparearse con una hembra cuando esta no está en celo, puede ser agredido por el grupo de hembras, que de esta manera se defienden. Esto es natural, pero ya no ocurre así para nosotros, porque no vivimos en grupo, o no lo suficiente. Un hombre y una mujer conviven de forma aislada, de forma que en caso de agresión, difícilmente la mujer puede echar mano de quien salga en su defensa, porque se encuentra encerrada en una casa. Y no es que no pueda salir, que también, es que nadie puede entrar en su ayuda.

Hoy en día, desde momentos muy recientes, estamos viendo cómo se está luchando por la igualdad entre mujeres y hombres, y básico para una independencia económica es que las diferencias salariales se erradiquen. Cuando una pareja con hijos no se separa, o incluso sin hijos, muchas veces lo que pesa para seguir conviviendo es el componente económico, porque aún sin hijos, la mujer a menudo tiene un sueldo que no es el del hombre. Y de nuevo estamos hablando del mundo occidental, por contraposición a lo que ocurre en mucha parte del planeta. En zonas rurales del continente africano, por poner un ejemplo, ocurrirá que si un hombre abandona a su mujer, esta queda desprotegida, pero no ya en términos económicos, sino en términos físicos: una mujer viviendo sola en una choza de barro sin puerta que cerrar queda expuesta a ser poseída por el primer hombre que quiera, que podrá además ocupar su casa si así lo considera.

Es así un elemento común que en cualquier lugar del mundo en el que nos situemos, la mujer que vive con un hombre lleva las de perder en caso de conflicto físico por encontrarse aislada. No estamos protegidas con un hombre dentro de casa si nadie puede acceder a ayudarnos en caso de necesidad, y donde no hay llaves en las puertas (como sería la choza descrita) tampoco parece que vaya a acudir alguien. Antes de esta civilización, nos protegía la tribu o la manada que perdimos.

El cuidado de la prole también es un asunto que recae sobre la mujer de forma negativa con la pérdida de la vida natural y la instauración de la vida civilizada. En grupo, hombres y mujeres podían ocuparse de tareas variadas, y si bien es cierto que podían las mujeres salir a cazar, la realidad es que la lactancia de las crías es un asunto exclusivo. Si los hombres se van a cazar y las mujeres quedan en las cuevas al cuidado de la prole, entre otras actividades, varias mujeres se ocupan de los menores, como si de una guardería se tratara, pero con el modelo familiar mono-nuclear, cada vez que falta uno, todo lo relacionado con los niños recae sobre el otro. La tribu ha sido sustituida por otros miembros de la familia, fundamentalmente las abuelas de los niños, y no los abuelos, y preferentemente la materna. Una mujer sustituye a la tribu. La pérdida de la vida en manada, de forma tribal, ha supuesto para las mujeres la pérdida de la protección colectiva y la pérdida de las ventajas de la crianza en grupo. No se considera si una mujer quiere o no atender a la prole, pero desde luego cuesta mucho que un hombre que no quiere hacer en casa, haga.

Así, cuando hoy en día se dice que con la liberalización de la mujer esta ha salido perdiendo, tendríamos que mirar algo más atrás, allá por cuando se pasó de cazar mamuts a plantar cereales, de ser nómadas a quedarnos en tierras de labranza, allá cuando la mujer dejó de compartir su vida con otras mujeres para pasar a hacerlo con un hombre. Desde ahí viene perdiendo, pero es que además, el sistema de posesión, de propiedad, que comenzó con esa civilización, ha acabado perjudicando también a los poderosos que lo instauraron. Todo hombre tendrá una mujer con la que copular en exclusividad, no hace falta ya ser un macho alfa, no hay que sacarse los ojos como leones, pero eso tiene un precio, y muy alto: la pérdida de libertad.

A nivel mundial, el ser humano en su conjunto no ha hecho más que batallar por la posesión de los recursos y por la invasión de terrenos ajenos, y a nivel particular, a nivel individual, no se hace más que luchar por motivo del estatus personal de emparejamiento. Los emparejados piensan que su pareja les pertenece, como se les ha dicho siempre.

Muchas son las cosas que se han desnaturalizado, como bañarse vestidos en el mar, y aunque hayamos empequeñecido mucho las piezas de baño, es claro que molestan, porque luego siguen húmedas mientras que uno ya se ha secado, y porque si no molestaran, no nos habríamos preocupado de empequeñecerlas (de nuevo por el elemento machista, las ropas de baño de hombres y mujeres no quedan igual de pequeñas, o aun siendo iguales, las de las segundas son más incómodas, y llevan a tener que hacer otra cosa contra natura: depilarse). Y el individuo que se baña desnudo es el raro, guarro, anarquista, perro-flauta... se podrá oír de todo. En definitiva, el que hace lo natural, es el que hace algo 'mal' hecho.

Tenemos claro que construir en la cuenca de un río, o en la falda de un volcán, puede tener graves consecuencias, y aún, lo hacemos. Quizás se juega con las probabilidades de que ocurra la catástrofe. Ahora bien, si atendiéramos a las probabilidades de que una relación sea plena y satisfactoria de por vida, no firmaba el contrato nadie.

Y ninguna de todas las cosas hechas contra natura trae consecuencias tan nefastas como esta del sistema del emparejamiento universal y perpetuo.

Consideramos que es exitosa en la vida la persona que se ha casado y ha tenido hijos. ¿Por qué no consideramos exitoso que una persona viva sola, y logre estar a gusto sola? Tenemos tan aprendido que la vida adulta se vive en pareja, que preguntar a un soltero si tiene ganas de volver a tener pareja, o si busca, es lo más común, como si tuviera que estar haciendo algo al respecto. Damos por hecho que falta algo. No le preguntamos a un emparejado si tiene ganas de terminar la relación de una vez, aunque probablemente se le haya pasado por la cabeza muchas veces.

Vivir solo además sigue siendo para muchos idea de que no se ha tenido suerte en el amor o se es un raro. Vivir con colegas, ni solos ni en pareja, a partir de una edad, por motivos económicos, o sin dicha motivación, no se contempla. Es decir, no se considera vivir con la tribu, que es nuestra naturaleza. Así, nos tenemos que emparejar para encajar correctamente en el sistema, y desde bien pronto con una única pareja, porque a día de hoy en Occidente, se espera que la pareja para siempre la tenga uno entre los 30 y los 40 años. Pongamos que una persona puede tener su primera pareja, o al menos sentirse atraída por otra persona, a partir de los 12 o 14 años. Durante la adolescencia y los años primeros de juventud, si no tiene una relación larga, ¿en cuántas personas puede fijarse? ¿Cuántas personas le llamarán la atención, y a cuántas atraerá? En quince o veinte años, podrán ser decenas. Esto es absolutamente natural. ¿Cómo vamos a pensar que a partir de un momento de nuestra existencia, más o menos la mitad de la vida, ya no podamos relacionarnos más de forma natural, por habernos vinculado a una sola persona? Se podría decir que seremos infieles, sin dar mayor gravedad al asunto, y todo arreglado, pero, ¿no sería mejor no tener que ser infiel? Se podría intentar tratar con naturalidad, se podría decir 'venga, tocaba casarse', aunque seas el mayor macho alfa de la ciudad, pero no te preocupes que podrás hacer lo que quieras. En lugar de institucionalizar una vida adulta individual, con relaciones libres, partimos de una vida adulta en pareja, jugada con trampas. Y, a la hora de la verdad, ser infiel, en nuestro sistema antinatural, tampoco es aceptado. Es una traición. Es un incumplimiento del contrato firmado. Conlleva la pérdida de confianza, implica ser objeto de escarnio público. De nuevo una gran decepción para el entorno familiar... ser infiel conlleva muchas cosas, pero la peor es el sufrimiento que puede generar en el cornudo. Algo natural, relacionarse con otros individuos del entorno (de la tribu), pero contrario al sistema, y no asumido, no entendido, provoca pesar y lamento.

Puede parecer exagerada la situación descrita para alguien que se sitúe en Europa, en pleno siglo XXI, y que pueda pensar que hay ya muchas opciones y todo es aceptado. Pues bien, en marzo de 2022 un comentario resaltado de una noticia aparecida en un periódico español describía cómo apodó la prensa británica a un famoso deportista alemán, padre de varios hijos, de tres madres: «the fucker», el follador (la carrera profesional que le ha hecho mundialmente famoso queda a un lado). Un hombre de mediana edad es denostado por haber estado con tres mujeres a lo largo de su vida adulta, y lo sabemos porque ha tenido descendencia con ellas. Podemos imaginar cómo serán las cosas en otros países donde los avances sociales sean menores, las libertades menos amplias, las religiones más opresoras y los gobiernos más dictatoriales.

CAPÍTULO III

HISTORIA, EVOLUCIÓN

Viendo cómo el nacimiento de la agricultura convierte la vida natural de la especie en vida socializada, una de las consecuencias inmediatas es la de controlar las posesiones. Podría el ser humano haber continuado relacionándose sexualmente de forma tribal, sin que tenga que existir un vínculo entre la posesión de la tierra y la posesión exclusiva de la pareja, pero ello deja de ser posible, porque ahora, además de acumular cereal, el hombre terrateniente deja, cuando fallece, esa tierra, su terreno, y hay que saber quién es el hijo del finado, pues ya no es todo para todos.

El origen etimológico del término matrimonio es la expresión *'matri-monium'*, es decir, el derecho que adquiere la mujer que lo contrae para poder ser madre dentro de la legalidad. Otros sostienen que proviene de *'matrem muniens'*, que se define como defensa o protección de la madre, carga de la madre u oficio de la madre.

El matrimonio es una institución relativamente reciente en la vida de los seres humanos tal como los entendemos si nos remontamos a los homo sapiens, de los que tenemos conocimiento que poblaron partes del planeta desde hace 120.000 años (dato aproximado, y variable según fuentes).

Las primeras referencias al matrimonio se encuentran en Mesopotamia hacía el año 4.000 aC, y se extiende esta figura con las civilizaciones griega y romana, aunque no es hasta la instauración de la Iglesia cristiana con la que se establece que el matrimonio es una institución que ha de durar toda la vida: lo que ha unido Dios que no lo separe nadie, reza, nunca mejor dicho, la Iglesia católica.

La realidad es que en Roma el divorcio existía, y muchas veces el matrimonio no consistía en un contrato escrito como tal, sino que se trataba de una relación fijada por los usos y costumbres. Ya el celibato estaba mal visto, hasta el punto de que el mismo fue castigado con el pago de impuestos superiores, entre otras cosas.

Ahora bien, remontándonos un poco más atrás en el tiempo, ¿qué es lo que hace que esta figura sea universal en la manera en que lo es para las grandes religiones y al fin y al cabo, para el conjunto de la población en general a día de hoy y también incluso para las civilizaciones anteriores a nuestras grandes religiones monoteístas?

Antes del surgimiento de este modelo de vínculo, los seres humanos se relacionaban mediante la poligamia y la poliandria y esto tiene una consecuencia y es que la descendencia solo queda determinada por la línea de la mujer, pues siempre se sabe quién es la madre pero no siempre quién es el padre. Por ello, esta llega a gozar de un privilegio que puede llevar al dominio femenino absoluto, con matriarcados.

Estos matriarcados se asocian a la forma de vida tribal, donde el colectivo se protege y todos colaboran en las tareas de toda índole. La tribu funciona más perfectamente que la familia, que es la institución que la sucede, porque en la tribu se necesitan para vivir, para subsistir, cosa que no ocurre con la familia moderna.

La causa de la creación de la institución vendría vinculada de nuevo al momento en el que pasamos a ser sedentarios, con el surgimiento de la agricultura y la tenencia de tierras. Como en ese momento pasamos a tener posesiones en forma de tierra, cuando el hombre poseedor fallece, sus tierras serán heredadas.

Para que un hombre tenga la certeza de que el hijo es suyo, tendrá que montar un sistema para controlar que la mujer con la que se acuesta no tiene relaciones con ningún otro hombre. Así, para que un hombre herede, su madre tendrá que estar vinculada exclusivamente a su padre, y eso se consigue con el matrimonio, que volviendo a la definición etimológica, dice: el derecho que adquiere la mujer que lo contrae para poder ser madre dentro de la legalidad.

Así cambian las cosas y con el matrimonio se consigue un control. En Roma los descendientes heredan por línea masculina, el papel del hombre ocupa una relevancia que antes no tenía, y el matriarcado queda atrás. Cuando se produce un divorcio en el Imperio romano, el separado puede volver a casarse inmediatamente pero la mujer tiene que esperar al menos 10 meses (un embarazo y un poco más). La manera de que un hijo herede de su padre viene determinada así por el matrimonio, de manera que para que un individuo herede, toda madre ha de estar casada. El hombre tiene posesiones y la mujer tiene que estar casada.

La mujer pasa a formar parte de la familia del marido y se desprende de todas sus posesiones salvo de una dote que pasa a esta familia que la acoge. En Inglaterra, hasta 1856, la ley desposeía a las mujeres de sus bienes cuando contraían matrimonio y es en ese año en el que 26.000 mujeres se manifiestan ante el Parlamento británico para dejar de ser esclavas como consecuencia del matrimonio.

No es hasta muy recientemente que la mujer logra tener sus propios medios económicos de forma independiente. Y no solo tiene una dependencia respecto del hombre en su vida familiar, donde como dependiente, nada decide, sino que de ser una figura importante en la vida de la comunidad, allá en la tribu, pasa a no decidir en ningún lado. Hasta finales del siglo XIX, las mujeres no votaban en ningún lugar del mundo, y en un país como Suiza, no pudieron hacerlo hasta 1971.

De Roma pasamos ya al cristianismo con la indisolubilidad del matrimonio y hasta 1580 no se tiene un matrimonio que no sea religioso, año en el que aparece la unión civil en Países Bajos, extendiéndose al resto del mundo católico en el siglo XVIII.

El nacimiento de la Iglesia anglicana tuvo como causa, la voluntad del Rey Enrique VIII de obtener la nulidad de su matrimonio con Catalina, para casarse con Ana Bolena. Ello le llevó a ser excomulgado y a la fundación de su propia iglesia. Este hecho se produjo en 1.534, y quizás puede ser el primer caso del que se tiene constancia de cómo, la institución del matrimonio, creada por los hombres para controlar la vida sexual de las mujeres, se les volvió en contra (aunque no salió el monarca tan mal parado como pueden salir muchos hombres en nuestros días).

En cuanto a la definición del matrimonio, el diccionario de la Real Academia de la Lengua Española dice: «unión de hombre y mujer concertada mediante determinados ritos o formalidades legales». Y, segundo, sigue: «En el catolicismo, sacramento por el cual el hombre y la mujer se ligan perpetuamente con arreglo a las prescripciones de la Iglesia».

La definición del término viene dada por un componente natural y un componente social, porque encontramos que un matrimonio es una unión, pero si volvemos al origen etimológico de la palabra, vemos que matrimonio deriva de madre *Matris* y *munium* (carga) y viene a significar que recae sobre la madre la carga más pesada de la procreación y la de la posterior crianza de los hijos, en cuanto que la unión se entiende que es la carnal (el matrimonio se consuma con esa unión). Se unen hombre y mujer, y lo que sigue recae en la mujer.

Si atendemos a diversas definiciones a lo largo de la historia vemos cómo Portalis, por ejemplo, uno de los creadores del código de Napoleón, define el matrimonio como una unión del hombre y la mujer para perpetuar la especie, lo cual es la parte natural y como una unión para socorrerse y asistirse mutuamente, sobrellevar el peso de la vida y compartir un destino común (parte social).

Esta definición también es compartida por Escriche, y Rueiro señala que tiene el carácter de perpetuidad y que se consolida con un afecto sereno, excluyendo la pasión desordenada y la mera atracción sexual. El filósofo Immanuel Kant, por ejemplo, agrega que el matrimonio «es la unión de dos personas de diferentes sexos para la posesión mutua, durante toda su vida, de sus facultades sexuales».

Hay dos elementos que no se mencionan en estas definiciones, y que son, por un lado, el asunto de la fidelidad, y por otro, el del amor. En cuanto al primero, ya sabemos que quien tiene que ser fiel es la mujer.

En cuanto al amor, hay que tener en cuenta que el matrimonio romántico, el que se concibe en Occidente hoy en día, como único posible, pues no imaginamos que nadie vaya a decir que se case si no es porque está enamorado, se produce desde momentos muy actuales. En los miles de años de la institución del matrimonio, solo desde tiempos muy recientes se tienen en consideración los sentimientos. El matrimonio fundamentalmente se producía por conveniencia e interés, por motivos políticos o económicos y por supuesto religiosos (¿o acaso alguien podía elegir salirse de la senda y no crear una familia?).

El matrimonio romántico llega con el romanticismo, pero hasta entonces se entiende que las pasiones quedan aparte de lo que supone una consagración como la del matrimonio por la importancia que tiene. Es un contrato solemne ante Dios y ante la Iglesia, y como tal, no hay espacio para esas pasiones.

Ahora bien, si hemos contraído matrimonio por amor, y este desaparece, ¿qué hacemos con el contrato? Cuando desaparece ese amor el contrato no tiene sentido alguno.

Cuando hay amor uno sí que quiere apoyar al otro y sí que necesita del cariño del otro y sí que hay un acompañamiento enriquecedor a lo largo de la vida, pero como el amor no dura eternamente, si uno deja de querer a la persona con la que se casó, deja de querer apoyarla, deja de querer ser apoyado por esa otra persona, deja de querer que la acompañe en su existencia y deja de querer acompañarla. Deja también de querer protegerla. Lo que era maravilloso puede convertirse en una losa.

A partir de mediados del siglo pasado, se ha unido una circunstancia fundamental en el mundo occidental al hecho de que
los matrimonios se contraten por amor, y es el hecho de que la
mujer se haya incorporado plenamente al mundo laboral mascu-
lino y haya alcanzado la independencia económica.

El matrimonio pasa entonces de celebrarse por motivos económicos, a celebrarse por motivo romántico, pero si lo que se
observa es que el motivo romántico no dura de por vida, y el
económico puede no ser causa para mantener la unión, ¿por qué
casarse?

Aun así, a día de hoy, una gran parte de la sociedad espera
que la gente contraiga matrimonio en la edad adulta, aunque sea
el civil. Es una institución que ha regido el estatus de los individuos desde hace decenas de siglos. Nos han enseñado, desde
siempre, digamos, que esa es la forma de estar, que no hay otra.
No se piensa que ese no sea el modelo a seguir, ni que haya otros
posibles modelos. Hay que tener en cuenta que las religiones predominantes del mundo no contemplan otra fórmula en la vida
de las personas que no sea la de formar una familia y tener descendencia. Tenemos ahora el modelo de pareja de hecho, como
una fórmula descafeinada del contrato, pero aún se entiende que
subyace la idea de permanencia.

Podríamos pensar que los seres humanos quieren vivir de dos
en dos, para siempre, aun sin motivo. Por el gusto de estar acompañados, da igual de quién. Si eso fuera así, no hay motivo para
dejar de celebrar este contrato, pero lógicamente, esto no es así.
Vemos por las cifras de matrimonios y divorcios que se producen
en Occidente, en años recientes, que el contrato es muy defectuoso. Por ejemplo, en España y en Alemania se produjeron en
el año 2019 la cifra de 165.000 y 415.000 matrimonios respec-
tivamente, y ese mismo año, 80.000 y 150.000 divorcios. En el
entorno de los países de la OCDE, en el año 2017, hubo casi
dos millones de matrimonios, y cerca de 950.000 divorcios, la
mitad. Es decir, un muy elevado índice de contratos tuvieron que

ser rotos y tirados a la papelera por las partes. ¿Se imaginan que pasaría si la mitad de la producción de un coche sale de fábrica defectuosa, y se constata a los pocos meses de tener los vehículos en circulación, con el coste económico y el disgusto para los compradores que eso supone? ¿Se investigaría la causa del fallo, o se seguirían sacando a la calle más unidades del coche, sabiendo que la mitad van a fallar? ¿Avisaríamos a familiares y amigos, si nos dijeran que tienen interés en el coche, conociendo nosotros las cifras, para evitar problemas económicos y quebraderos de cabeza?

Si se piensa en que otro modelo puede haber, a la gran mayoría se le ocurrirá en primer lugar, o casi como única alternativa, la soltería. Ahora bien, pensar en la soltería lleva, de nuevo a la gran mayoría, ahora incluso grandísima mayoría, a pensar en la temida soledad. Y ese es el gran problema: se piensa que no hay otra cosa, y si la hay, que es peor.

Ser soltero no implica que uno este solo, y estar solo no es peor que estar acompañado, si se entiende como modelo de convivencia social. Pero es que, además, hay otros muchos modelos.

Y la causa principal por la que la forma de vida en pareja permanente ha de dejar de tener esa predominancia es por el sufrimiento que se genera como consecuencia de este estado de convivencia que cada uno tenemos en un momento dado. Esta fórmula falla, generando los problemas que genera, y es que, como a todos nosotros nos han hecho creer que encontraríamos a alguien con quien estar de por vida, falla también el sistema para quien no contrae matrimonio, porque parece que a los de alrededor les va cayendo el Gordo, teniendo la suerte de encontrar a alguien con quien se casan, mientras que los que no tienen esa suerte, viven de los reintegros y pedreas, y de esas pueden tener muchas, pero no es lo mismo. Y en realidad, el ser humano disfruta de las relaciones un corto espacio de tiempo, en relación a lo que es una vida, y también dentro de cada relación, la proporción de tiempo de la misma que esta suma es más breve normalmente que la proporción en que es insatisfactoria. Va a ser mejor, para nuestra salud mental, tener muchos reintegros, que no un premio gordo.

Volviendo a los que sí contrajeron matrimonio, cuando dejamos de querer que la persona que está a nuestro lado en la vida nos acompañe, nos metemos en una tesitura que es causa de sufrimiento tanto para la persona abandonada como para la persona que abandona.

Hay que acabar con el sentimiento de culpa y hay que acabar con la sensación de que el hecho de que la persona amada deje de querer estar a nuestro lado sea al fin del mundo. Hay que tener la mente abierta y entender que las parejas se suceden en la vida. O no. Pero no se puede seguir de la mano de otro individuo cuando ya no se quiere. Es nocivo, es ir contra la voluntad propia y es contra natura.

Decíamos que el matrimonio es el lugar en el que la mujer puede tener hijos legalmente. Del hombre no se dice nada. Si alguien tiene hijos fuera del matrimonio, quien estará haciendo algo mal (mal, concepto humano, no natural) es la mujer.

Visto el primer contrato de matrimonio, y visto lo que se entiende por matrimonio, vemos que el mismo parte de un poder del hombre sobre la mujer, donde la hace suya, en el sentido contractual de la posesión (es suya igual que el coche es de uno) y en el que ella tiene obligaciones y castigos en caso de incumplir tales obligaciones.

Finalmente, para cerrar el círculo del contrato, redactado a beneficio de una de las partes, unido a la idea de la necesidad de casarse para las mujeres, está la imposibilidad de la mujer de valerse por sí sola económicamente, como hemos dicho.

A lo largo de la historia, la mujer no ha podido tomar decisiones de índole económica de forma individual, pero no es la historia la que lo ha impedido, claro está, sino el hombre, con poder para crear la norma social y las leyes a su interés. El mismo hombre poderoso que inicialmente logra más posesiones, porque lo que tiene es más fuerza física.

La mujer ha trabajado siempre, durante toda la historia de la humanidad, tanto o más que el hombre. ¿A cuántos hemos oído decir, padres y madres trabajadores, que prefieren ir a trabajar a un día de niños sin colegio?

Ocurre con el león y la leona, que ella trabaja mucho más que él. Ella caza y ella cría a la prole. Y él, en tanto poseedor de mayor fuerza física, protege a las leonas, a varias. Y las protege porque son su harén, no por motivos altruistas. Él se reproduce y se alimenta con lo que han cazado las leonas.

Cuando el hombre se civiliza, deja de ser natural, crea contratos, posee tierras y posee una mujer (o varias, dependiendo de la religión). Y como tiene poder, hace los contratos en su beneficio. Esto es natural, el más fuerte naturalmente, come primero. El león come primero. El más fuerte decide cómo son las cosas.

Esta estructura de poder se universaliza y sigue extensa y presente a día de hoy. Hasta anteayer, en España, una mujer no podía comprar sola una lavadora. Necesitaba el consentimiento del marido. Ahora ya se permite que la mujer sea económicamente independiente del hombre.

Además, el motivo inicial de determinar de quién son los hijos del hombre por el asunto de la herencia está solucionado también desde hace tiempo con la determinación de la paternidad mediante pruebas de laboratorio. La unión oficial deja de ser necesaria.

Ahora bien, si ya somos independientes, la fórmula de vida adulta instaurada de forma universal en la que hemos de vivir en pareja (de larga duración) ha de dejar de ser el único modelo, para convertirse en una opción, junto con otras formas vitales de existencia en convivencia con el resto de los seres humanos.

Y si esta fórmula funcionara, no tendría por qué dejar de aplicarse a todos de la manera general en que se hace, pero la realidad es que la estructura del matrimonio, como convivencia de hombre y mujer hasta el fin de sus días en exclusividad de propiedad sexual, no funciona.

El sufrimiento que ha generado este modelo ha permanecido oculto a lo largo de siglos. Como no había forma de que la mujer fuera económicamente independiente, no había otra opción que soportar la asociación. Y ahora, con la generalización de la posibilidad de divorciarse, sale a la luz, en cifras, lo defectuoso que es el contrato.

Y es igual de defectuoso en todo el planeta, aunque veamos menores cifras de divorcios en otras regiones del mundo, donde los derechos no son tan amplios o las tradiciones llevan a ocultar los fracasos en lugar de visualizarlos o donde las economías siguen siendo motivo importante, o básico, para no romper uniones (por ejemplo en el hinduismo, las cifras de divorcios son muy bajas, en torno al 1%, siendo la tercera religión del mundo, y es que para sus fieles, el divorcio es una desgracia que afecta al conjunto de la familia, y costoso económicamente para el grupo del marido por la devoluión del precio de la novia).

No es que ahora no se aguante nada, y antes sí se aguantaba. Nunca se ha aguantado, pero hasta que la mujer no se incorporó al mercado laboral, no había opción.

Hemos llegado al momento de la evolución en que han desaparecido los elementos sobre los que se sustentaba el contrato.

CAPÍTULO IV

LA NATURALEZA Y EL SER HUMANO Y LA NATURALEZA DEL SER HUMANO

La primitóloga Jane Goodall indicaba en una entrevista (*El Intermedio*, Sandra Sabatés, enero de 2022) que muchas personas ven al ser humano como un elemento aparte de la naturaleza, y no formando parte de la naturaleza. Somos animales, como el resto de animales, si bien somos el más evolucionado de los animales. O quizás no, primeramente porque la evolución es continua (y podríamos decir que a las hormigas, en organización de ejércitos, no las gana nadie y no creo que ninguna cuente con el defecto de la pereza) y seguidamente, porque a juzgar por el sufrimiento que somos capaces de sentir, e incapaces de gestionar y controlar en muchas ocasiones, cabe plantearse si hemos evolucionado en la buena dirección. El vínculo con la naturaleza es necesario, encontrarnos en escenarios naturales brinda satisfacción a todos: solo la visión de la amplitud del mar, de cordilleras, desiertos, fondos marinos y cascadas, facilita la conexión con esa naturaleza y con nuestro interior, con nuestra naturaleza ajena al mundo social, y el placer que nos brinda esta observancia provoca sensaciones a nivel individual, independientemente de que la observemos en compañía o sin ella.

Un sistema que da la espalda a la naturaleza provoca inestabilidad y desequilibrio, porque choca con algo contra lo que no se puede luchar. El ser humano es un mamífero, y como tal, no es monógamo permanente. Al ir en contra de la naturaleza, se genera inestabilidad a nivel individual y colectivo, porque el problema de la pareja, cuando lo hay, va a generar inestabilidad en el grupo al que pertenecemos.

Pero no solo se ven las consecuencias de ignorar a la naturaleza en las relaciones humanas. La construcción de diques para parar los embates marinos supone una lucha continua contra las fuerzas naturales; la construcción de carreteras o líneas férreas en desiertos también implica importantes obras de ingeniería y su consecuente mantenimiento, luchando contra el movimiento de las dunas; la edificación en fallas lleva a vivir preparados para sufrir una actividad sísmica continua, o cómo un fuego provocado por un rayo puede quemar vastas extensiones con todo lo que el humano haya edificado en ellas. Un pedazo de hielo, solo agua congelada, hundió el Titanic... Los ejemplos de cómo pensamos que podemos pasar por alto a la madre naturaleza son múltiples y variados.

Estamos mucho más cercanos a la naturaleza y a nuestra parte natural de lo que deberíamos para poder ajustar sin problemas la vida del hombre al sistema de vida creado. Por eso no funcionan las cosas. Si pudiéramos desconectar la parte natural, nos ajustaríamos a un tipo de relación monógama permanente y no habría fricciones de ningún tipo. Pero la naturaleza se abre paso, como siempre, y contra eso no se puede luchar. Escapa a nuestro control. Una persona que lleva años conviviendo de forma monógama puede sentir una química determinada por una tercera persona en cualquier momento, y eso escapa a su control. No es nada que haya elegido. De hecho, a lo mejor no quería complicarse la vida con una situación de enamoramiento y le ha ocurrido. Es diferente a la situación en que un miembro de un matrimonio es infiel de una forma más o menos sistemática y lo hace con un cierto control, aunque en este caso, también, está actuando en contra del sistema por el que se establece el contrato del matrimonio, y ahí la naturaleza de nuevo esta ganando frente a lo establecido por el humano.

El nomadismo también es algo natural que llevamos dentro. ¿No hay acaso demasiada gente que no encuentra su lugar? Puede ser a lo mejor porque en nuestra naturaleza primitiva nos desplazábamos. Todos conocemos personas, si no nosotros mismos, que permanentemente estamos soñando con lugares mejores, o más bien distintos. Podemos estar muy a gusto en el salón de nuestra cómoda casa, donde estamos felices, y aún, hojeando una revista, viendo la casa en la que vive fulano, pensar: 'caray, si yo tuviera esas vistas al mar, como las que tiene este hombre, estaría feliz!'. Y aún, sabemos que eso no sería así. Si lo cambiáramos todo por estar en ese otro sitio, nos volvería a ocurrir. ¿No será entonces que en nuestro fuero interno llevamos ese chip del movimiento? No estamos mal donde estamos, pero, derivado de ese anhelo, también nos moveríamos gustosos.

Nos enseñan que todo es cambiante, que hay que adaptarse, y saber adaptarse, que nada es estático, que todo es dinámico. Así es la naturaleza, así son las leyes de la naturaleza universal, nada está quieto.

Si el sistema no se adapta a la naturaleza, hemos de modificar una de las dos cosas, o flexibilizar ambas, pero la naturaleza no negocia, con lo que nos queda modificar lo establecido.

La permanencia es contra natura siempre, porque todo está en constante movimiento.

Y la idea de la permanencia impera también en otros muchos aspectos de la vida. Cuando hablamos de dejar un deporte que veníamos practicando para pasar a probar otro o por cansancio, habrá también alguien que muestre decepción. Y cuando comenzamos a leer un libro y vemos que no nos gusta, dejarlo parece incorrecto, se tiene la sensación de que se está haciendo algo mal, porque alguna vez habremos oído eso de que los libros hay que acabarlos, una vez empezados. Uno puede querer dejar de hacer algo, lo que es natural, pero muchas veces, parece contrario a 'algo'.

Un ejemplo de lucha contra la naturaleza vuelto muy en nuestra contra, de nuevo más en contra de las mujeres que en contra de los hombres, por lo menos hasta ahora, es el que mantenemos contra los signos del paso del tiempo, y se ve claramente en el intento de la ocultación de las canas. Viene institucionalizado que las canas hay que taparlas, y nos convertimos en esclavas de la coloración, porque en el sistema no está bien que se nos vea un centímetro de raíz. No está bien, valoración humana, que se vea algo natural, y hay que taparlo.

A esta separación entre la naturaleza y el ser humano, lo natural y lo humano, como si el humano no fuera parte de la naturaleza, hay que añadir un elemento fundamental, el de la naturaleza de cada ser humano, en dos vertientes:

Por un lado, cada uno seguimos un proceso natural de desarrollo existencial y maduración que es exclusivo. Se trata del proceso por el que vamos analizando a lo largo de nuestra vida asuntos existencialistas, planteándonos cuestiones como ¿Para qué estamos aquí? ¿Qué hago yo aquí? ¿Es esto lo que quería de la vida? O ¿Es esto lo que esperaba de la vida, a la edad que tengo? ¿Qué quiero hacer con mi vida a partir de ahora? O vemos cómo podemos encontrarnos diciendo: 'No sé lo que quiero, aunque sé lo que no quiero' (eso sí, algo es algo).

Parece que ese proceso se evidencia mucho más, o se exterioriza, en las personas que no tienen una pareja convencional. Se diría que los adultos con familia, ocupados como están, y sobre todo, sin tener muchas veces a lo largo del día ni un momento para encontrarse a solas, literalmente, no tienen toda esta serie de pensamientos. Y parece también, que si los tuvieran, lo primero que van a acusar es la vida en pareja. Todos estos pensamientos son inherentes al individuo, y exclusivos, y pareciera que no podemos tenerlos si estamos en pareja, porque tener relaciones establecidas como permanentes no da lugar a hacer algo de forma individual, pues todo se hace para dos, o se piensa para dos, o es para dos. No le dice uno a su pareja que no está en la vida donde esperaba, o si lo dice, la consecuencia será muy probablemente la de desencadenar una crisis de pareja.

Por otro lado, el otro asunto de cada uno, 'interno', es precisamente cómo somos cada uno. Hasta ahora, desde la vida en Mesopotamia, momento en el que se tiene constancia del primer matrimonio, la idea es que tenemos que casarnos. Ahora bien, ¿estamos todos preparados para llevar una vida en pareja? ¿Somos todos aptos? ¿Somos todos aptos para tener descendencia? Ahora, se puede entrar a considerar cómo de reservados, cómo de temerarios, cómo de almas libres y tantas otras cosas somos cada uno y cada una. Antes solo había un camino, pero ahora no. ¿Cuántos prefieren vivir sin ataduras?

Pongamos el ejemplo del aventurero que al que lo que le mueve en la vida es su moto de carretera y los viajes que hace con ella. O en grandes investigadores que dedicaron cada segundo que se les permitió de su vida a sus labores investigadoras. Antes, todos eran maridos (entendiendo que muy pocas mujeres salían de la vida de ama de casa), independientemente de cuales fueran sus metas vitales, y de su forma de ser.

Una persona solitaria, que disfruta con la soledad, en su mundo, no querrá tener a alguien a su lado. ¿Y una persona que es una vaga empedernida? Hay personas más y menos trabajadoras, más y menos responsables. Y personas más indecisas, personas que no saben cómo resolver situaciones que otros resuelven sin dudar. Personas más dinámicas, y menos. Personas que no asumen responsabilidades, que echan balones fuera, que ellos nunca son, personas cobardes, frente a personas con iniciativa, intrépidas, beligerantes, valientes...

Podemos ver cómo somos por cómo reaccionamos de diferentes formas en situaciones repentinas, como por ejemplo, cuando vamos por la calle y alguien sufre un mareo y cae. Unos correrán hacía la persona en el suelo, otros miran medio de lejos, otros pasan de largo... Es ilimitado el número de condicionantes que forman la naturaleza de cada uno de nosotros, pero para todos, la forma de vida adulta establecida es única.

En un asunto tan nimio como meter la vajilla en un lavaplatos, podemos tener en una pareja a uno de los dos que prefiere hacerlo en cuanto se termina de comer, y al otro que dice que mejor se meten después de la siesta. Uno no es mejor ni peor que el otro, y cada cual tiene sus preferencias, pero el hecho de estar en pareja puede dar lugar a que se origine un problema, porque quizás quien recogería de forma inmediata exigirá un cambio a quien haría la faena después. Cuando se está enamorado, todo se dirá entre risas y podemos llamarnos 'jetas' sin más consecuencias, pero cuando pasa ese enamoramiento, y pasa el tiempo, el asunto no será tratado como si nada.

En una tribu, cada uno sería de una naturaleza, pero como no había nexos de pareja, nadie asumía una responsabilidad respecto a otro ser en exclusiva ni exigía a otro nada. Si algo del de al lado no gustaba, se alejaría uno a otra esquina de la cueva a lo mejor, pero no habría acumulación de recriminaciones. Hay adultos que no deberían ser padres porque no pueden ocuparse ni de sí mismos, en el sistema occidental establecido y extendido.

Afortunadamente, las cosas van cambiando (aunque siempre mirando solo a una pequeña parte del Globo), y la presión sobre la tenencia de pareja permanente se va aliviando pero, en todo este tiempo, nada había que pudiera hacernos desertar de la idea.

En cualquier película de aventuras alpinistas uno de ellos tiene una familia a miles de kilómetros donde los hijos echan de menos a su padre y la madre pasa penurias pensando que cada día su pareja puede morir en la montaña. Puede ser comprensiva o discutir con él y tildarle de egoísta, y lo que subyace es que ese ser humano, como individuo, lo que quiere es estar en su mundo entre cordilleras y picos, aunque por teléfono vía satélite dice echar mucho de menos a la familia (y será verdad, pero la realidad es que gana su naturaleza aventurera).

Y es al llamado alma libre con el que quizás más indulgentes somos. Como si se viera que no haría mal a nadie no formando parte del sistema, pero le ha caído estar en él. Y es casualmente el que nos parece que está más conectado con la naturaleza, el que no encaja en la ciudad, el aventurero que estaría todo el día evadiéndose, cuanto más lejos mejor.

Los hombres conquistadores, machos alfa de la naturaleza, que hasta el fin de sus días encuentran inevitable tratar de conquistar a casi cualquier mujer con la que se crucen (y podemos recordar el caso de un importante mandatario en un hotel en el que pernoctaba, arruinando su carrera) se han casado como tocaba, pero no tendrían ningún interés en verse en problemas por su naturaleza conquistadora natural. Han firmado el matrimonio en contra de la naturaleza del hombre como animal mamífero y de su propia naturaleza, porque dentro del grupo, son los que se pelearían con el resto con tal de conquistar a la hembra.

Cuando un hombre, o una mujer, es borde, cortante, irrespetuosa en una relación ¿no está mostrando de forma natural un rechazo a comprometerse con el otro? Independientemente de que la persona dependiente de ellos esté dispuesta a aguantar carros y carretas, faltas de respeto y humillaciones, ¿no son avisos que lo que muestran es que quieren que les dejen en paz? No quieren compromiso. En la naturaleza, las señales que avisan que uno quiere que le dejen tranquilo son suaves, primeramente, y van a más si a uno le siguen atosigando. Un perro que es acosado por otro perro que quiere jugar con él emite primeramente un gruñido y si el segundo insiste, el primero le pegará un mordisco con un gruñido más elevado. El humano que no quiere compromiso, puede querer sexo con quien le sigue incondicionalmente, eso sí. Pero compromiso no quiere, igual que un león no se compromete con ninguna leona. Y una leona, de paso, tampoco se compromete con un león determinado, porque puede que la temporada que viene, cuando toque reproducirse, haya aparecido un león más guaperas, y haberse comprometido el año anterior, supondría un problema.

Un conquistador (nombre que damos al ser humano macho alfa) quiere conquistar a todas las mujeres que pueda, y si una de ellas insiste en tener con el conquistador una relación más exclusiva, no solo no lo va a lograr, sino que además, este puede reaccionar de forma hostil hasta límites insospechados. La insistencia de quien de ellos depende va a provocar la sensación de acoso. Se volverá irrespetuoso, maleducado y cortante con quien quiere algo más emocionalmente, porque se encontrará acosado. Eso no le interesa. Y lo que en la naturaleza sería un caballo, o una yegua, más bien, dando una coz, en nuestro sistema es no saber comportarse de forma educada. Hay que pensar que eso es así, y no imaginar que insistiendo, el conquistador caerá un buen día enamorado.

Este comportamiento no es exclusivo de los hombres, porque también se dan casos de mujeres que mantienen en el tiempo relaciones solo sexuales con hombres con los que no quieren tener más vínculo que dicha relación, pero la situación es bien distinta, porque obviamente hablar de un acosador o una acosadora cambia totalmente el asunto.

Esta situación, donde una persona trata mal a otra dependiendo la segunda emocionalmente de la primera, que se da cuando la pareja no es estable, ni exclusiva, ni hay nada serio, por decirlo de alguna forma, puede durar meses y años.

«Nunca he conocido a nadie con tan mala leche». Esta frase la dijo un hombre, hablando de su pareja estable y madre de sus hijos. La relación, o más bien, la situación de convivencia duró veinte años. Esta situación es distinta, claro es, y la diferencia está en la convivencia.

Cuando el contrato del matrimonio se ha formalizado, o se ha consolidado la relación y se convive, el hecho de que uno de los dos no quiera ya formar parte del equipo puede generarle tanta opresión que la relación va a sacar lo peor de la persona. El trato que se puede llegar a dispensar a la pareja conviviente no se lo veremos a nadie fuera de la relación con esa persona. La pérdida de la libertad individual continuada en el tiempo, al lado de quien no queremos, sacará lo peor de cada uno de nosotros. Y fuera de esa relación, podemos ser excelentes personas (aunque pasará factura).

Con todo ello, no se está admitiendo que podamos ser irrespetuosos y que podamos humillar a nadie, sino que lo que se observa es que la reacción ante un compromiso de relación de monogamia no querida, convertida en obligación, va a ser natural, porque nuestra libertad natural se ve afectada.

Y de nuevo llegamos al sistema, porque el hecho de que un ser insista en seguir con otro de forma permanente, o quiera continuar una relación cuando el otro ya no quiere, sí es consecuencia de la institucionalización de la pareja por el sistema. Porque además de la dependencia, hay un factor social importante.

En la naturaleza, si un animal es borde con otro, el segundo lo capta a la primera, y se aleja. Una persona no querría permanecer cerca de quien le humilla, o de quien no muestra la menor alegría por tenerle cerca, pero en el sistema humano, donde nos dicen que hay que aguantar, que estar solo es negativo, que hay que formar una familia, y donde no se nos enseña a decir no, ni a decir basta, ni a respetar nuestros propios límites, no podemos actuar de forma natural. En la naturaleza ni se falta al respeto, ni se insiste.

El machismo es natural en el mundo animal y si asimilamos eso y dejamos de luchar contra ello nos libramos de una batalla. Si consideramos esto desde nuestra más tierna infancia lo que hay que decidir para el futuro es si nos va a compensar unirnos a alguien o no. A un hombre, o a una mujer, para convivir. Nos quejamos del machismo y tratamos de luchar contra él, pero ¿no sería mejor educar para asimilar que no hay que estar en pareja? ¿que no todo el mundo tiene que casarse? ¿que solo unos pocos van a estar bien unidos durante un mayor tiempo?

Diríamos de forma natural: 'claro que existe el machismo, pero precisamente por eso no me voy yo a vincular a un machista'. Y para decir esto todo el sistema tiene que dejar de girar en torno a la idea de la vida adulta en la que tenemos que estar emparejados. Porque tal como está ahora la situación, los que eligen no estar emparejados si la relación no es de calidad pasan por ser demasiado exigentes y los que tienen miedo a no formar parte del sistema, como se les pide, aguantan la existencia en pareja sin que esta sea plena. Se admite mejor a los que aguantan («Venga, que no es para tanto»), que a los que son exigentes con lo que quieren en la vida («no tienes pareja porque no quieres», o «es que tienes el listón muy alto»).

Nacen tantos leones macho como hembras pero en la naturaleza los leones van por allí solos y un montón de hembras son cubiertas por un único león que las tiene en su territorio. De ahí la lucha de los machos alfa que logran hacerse con el harén. Hablo de leones, pero vale para otras tantas especies de mamíferos, es decir, muchos machos no se comen un colín.

Los mamíferos no viven en parejas, hay muchas combinaciones para la coexistencia de mamíferos, pero no se da la de la pareja. Hay mamíferos en los que lo que predomina es que las hembras permanezcan juntas y los machos lleven una vida más independiente e individual, como pueden ser los felinos o los elefantes. Hay mamíferos que viven en grupo, como los primates en general. Hay mamíferos también que por temporadas pueden vivir en grupos por sexos y por momentos también se juntan, como pueden ser los leones marinos, cuando llega el momento del apareamiento. Caballos salvajes vivirían juntos, lobos... en fin, hay varias formas de coexistir, pero desde luego no lo hacen como pueden hacerlo los pájaros, que es donde encontramos monogamias permanentes en la naturaleza.

Con el matrimonio todo el mundo tiene derecho a su ración sexual. Con el mecanismo se posee y se tiene control sobre otra persona y de nuevo, hay que educar y tomar conciencia de que eso no es así, pues ese es el origen de muchos episodios de agresiones y violencia machista. También las hembras de la especie hacen suyo a un macho, y la posesión también actúa en ese otro sentido. La mujer ejercerá también violencia sobre un hombre, pero al contrario de la que se produce del hombre hacia la mujer, poco frecuente es que se produzcan daños físicos como consecuencia de la misma (aunque por supuesto sí psicológicos).

Se nos da a entender que todos tenemos derecho a tener una pareja y en la naturaleza no es así. En la naturaleza hay muchísimos machos que no tendrán oportunidad de procrear, y en la naturaleza las hembras comparten macho (el mejor), en aras de la mejora de la especie.

Nuestra configuración de convivencia natural es la de estar las mujeres agrupadas. Los hombres pueden agruparse, pero no por la necesidad de agrupación que tienen las mujeres de criar conjuntamente a la prole. Se ha querido sustituir a la tribu por un macho. Cuando la preocupación natural del macho es procurar protección al conjunto de la tribu, es decir, ese es su cometido. Queremos que el macho se ocupe de las tareas de las que se ocupa la tribu de mujeres porque hemos sustituido a esta por aquel. Y digamos que no es su película, o no lo ha sido hasta hace muy poco. Y la mujer, por su parte, se preocupa de la crianza de la prole y le han puesto a un macho al lado y extiende su actividad primordial, que es la de ocuparse de la descendencia, al macho.

¿Cuántas veces no vemos que la mujer es paternalista y proteccionista con su pareja como si fuera su madre? Está haciendo lo que hace con una prole, la tenga o no, pues ese es un natural objetivo, con un hombre. La mujer tiene una natural empatía para con el prójimo, preocupándose por los que a su alrededor se encuentran.

Todo esto, en el mundo actual se traduce en que la mujer hace la comida, que es lo que iba a hacer en el mundo natural, pero además se ocupa de otro montón de actividades, como son en el mundo moderno planchar, lavar, limpiar... y lo tiene asumido como suyo, como se ha establecido y porque de natural se ocupa del grupo. Se ocupa de cuidar de con quién convive... y un león en la sabana está perfectamente sin que nadie se ocupe de él. Y si se ocupan, bien también, pero lo que no va a hacer, es ocuparse él de lo de los demás. De forma natural, es excepcional que lo haga. Y pretendemos que el hombre quiera hacer todo eso, y la pretensión es lógica, pues dos que conviven, habrán de hacer a partes iguales, y más si hay hijos, pero choca con las diferencias naturales que nos separan, comenzando por el instinto maternal. En la naturaleza, en el mundo de los mamíferos, los machos y las hembras se juntan para lo que se juntan. Ninguno hace lo que, naturalmente, no le corresponde. No tiene sentido asumir que es una lucha tratar de conseguir que un hombre haga algo en casa, y querer por otro lado convivir con él.

No se juntan para pasar el tiempo juntos por gusto. Se juntan para procrear. De hecho, para charlar, las mujeres prefieren a sus amigas, y no a sus parejas. Hay picos de separaciones a la vuelta de las vacaciones estivales, momento del año en el que se pasa el mayor tiempo ocioso al lado de la pareja. Nos escandalizamos cuando en una primera cita un hombre quiere acostarse con una mujer y, naturalmente, es para lo que quiere un hombre estar con una mujer. No para ir al cine o para tomar una cerveza. Esto ocurrirá en la fase de enamoramiento, pero no hay que olvidar que si no ocurre, la parte natural por la que se busca el primer encuentro subyace.

Con lo cual, si finalmente un hombre y una mujer sí que quieren pasar tiempo juntos, no solo para el encuentro sexual, sino por ese enamoramiento, efectivamente pasarán tiempo juntos por el gusto de estar acompañados en uno del otro, pero el problema es que cuando ya no están a gusto acompañados el uno del otro, el sistema creado te lleva a tener que pasar el tiempo al lado de esa persona cuando ya no tienes ese interés. Es decir, hay un segundo paso en el que sí se quiere socializar más allá, y hay un tercer paso en el que ya no se quiere socializar y ese es en el que permanecemos muchas veces las parejas de humanos, y es el que no ocurre en el mundo animal.

La figura del padre no es necesaria en el mundo de los mamíferos para la crianza de la prole. Ni siquiera en el mundo de los seres humanos hasta el siglo pasado (trae dinero a casa, pero la mujer también lo hubiera hecho si se le hubiese permitido). Hasta que la mujer no se ha incorporado plenamente al mercado laboral, y eso nos sitúa en el período que se inicia tras la Segunda Guerra Mundial, nada que tuviera que ver con los hijos lo hacía el progenitor. A lo largo y ancho del mundo se le llamaba de usted, como si se tratara con un desconocido. En general, cualquier hombre preferirá ir a jugar al fútbol o salir a correr o sentarse a ver un partido con unas patatas fritas, a tener que preparar la cena de su hijo. Se podría decir que una mujer también preferirá bajar a tomar algo con sus amigas antes que preparar la cena de su hijo, pero la realidad es que de forma natural, la mujer lo que quiere es estar preparando la cena de su hijo. Es su instinto que hace que lo que quiere es estar ahí, haciendo eso y no otra cosa, mientras que el hombre encuentra muchas distracciones que pueden ir por delante de esa ocupación.

Se quiere decir con esto que la naturaleza está constantemente ahí, aunque tratemos de vivir ignorándola. Las olas de calor tienen unas consecuencias nefastas en Occidente, por ejemplo. Nos dan golpes de calor porque queremos continuar con nuestra vida como si nada. Gente en bicicleta a las tres de la tarde, corredores, vamos de compras, obreros de la construcción continúan con sus tareas al aire libre... nos exponemos a morir de forma tan absurda, como si estuviéramos por encima de la naturaleza. En invierno necesitamos comer más, y en verano, menos. Desde la temperatura, que ni vemos, todo lo que nos rodea es naturaleza.

La lucha por el territorio se da también en el mundo laboral. Es naturaleza. Los pelotas quieren ser aceptados por el líder, escalar en la jerarquía, hay sumisión, los manipuladores con el acoso, ejercicios de fuerza del acomplejado que busca a un débil para sentirse alguien, hay individuos tranquilos que nada ambicionan laboralmente hablando, igual que hay machos que jamás retarán al alfa, hay personas muy sociales, e individuos que no lo son, habladores, tímidos... todo es natural.

En el mundo natural, sin embargo, no hay lucha contra cómo son las cosas, no hay una resistencia. No hay un ser tratando de imponer su voluntad por encima de la de otro ser. No hay un ser tratando de que otro cambie. Se enfrentarán dos machos por ver cual gana la dominancia, o dos por su ración de comida, pero cada uno acepta su posición, el que gana, y el que come en segundo lugar. El perdedor asume y se larga.

El ser humano, ante algo que no le gusta, lo quiere cambiar y lo intentará cambiar y lo volverá a intentar antes de alejarse, que es lo que acabará haciendo, o lo que tenía que haber hecho, la mayoría de las veces.

«Las infelicidades vienen de creerse capaz de controlar la naturaleza» Marco Martella. *El País*. 9 de diciembre de 2022.

CAPÍTULO V

¿POR QUÉ SE MANTIENE EL MODELO DE CONVIVENCIA MATRIMONIAL?

El modelo de convivencia general para la vida adulta de los seres humanos es aún hoy de forma predominante el de la convivencia por pares de forma permanente, oficializado o no a través del contrato matrimonial o la figura de la pareja de hecho.

Sin embargo, las razones que llevaron a la instauración y mantenimiento de esta fórmula de coexistencia han quedado fuera de juego. La herencia, la posesión, la dependencia económica, la prueba de la paternidad... y el escaso recorrido del enamoramiento mutuo en el tiempo.

¿Y por qué si funciona a tan pocos, este sistema universal perdura como predominante y casi único? Pues porque interesa, además de a otras muchas partes, a las dos grandes instituciones colectivas que regulan la vida de los individuos: el Estado y la Iglesia. La fórmula del matrimonio está instaurada a lo largo y ancho del planeta, sin atender a condicionantes de ningún tipo: en dictaduras (no importa que sean de derechas o izquierdas), sistemas democráticos, países de mayoría musulmana, hindú, católica, protestante, judía, países más y menos pobres, con altas o bajas rentas per cápita, más o menos densamente poblados, países más o menos fríos, tropicales, para todos los individuos, también independientemente de su capacidad de gasto, de ahorro, de su ideología, de si viven en zonas rurales o en grandes urbes, absolutamente para todos (con excepción de alguna tribu amazónica y de algún otro sitio remoto), el matrimonio y la vida monógama y en convivencia por parejas esta institucionalizada.

Interesa a las religiones, ya hemos visto que el origen de muchas guerras es de tipo religioso, y una de las armas de las que se sirven para tratar de dominar el mundo es la demográfica. Insistirán, cada una de las tres grandes religiones, además del judaísmo, que es igual de tradicional, si bien no son tan numerosos sus adeptos, en la figura de la familia tradicional, porque es la principal fuente de incremento del número de personas entre sus seguidores. También los pueden tratar de captar, pero esto es más complicado en un mundo globalizado, y ya no pueden obligarlos a convertirse, ni perseguirlos legalmente, como antaño. Persecuciones y opresiones por motivos de creencias hoy en día en el mundo se dan como las que ocurren por motivos de etnia, sexo o condición sexual, si bien las primeras no se dan tan frecuentemente en países que hemos llamado Occidente.

Incluso en países donde la religión mayoritaria no es una de las religiones con mayor número de adeptos, y el budismo ocupa un importante lugar, se piensa en la familia como modelo vital entendido como el de la pareja teniendo hijos, a pesar de que el budismo te orienta a encontrar la felicidad en tu interior, cosa que es particular e individual de cada ser humano. Porque es este budismo el que nos habla de la búsqueda de un equilibrio y una tranquilidad que son los que a la postre harán que tengamos una vida armoniosa, sin altibajos, en equilibrio con nosotros mismos, y en la que en ningún momento se habla de una pareja para encontrar tales elementos básicos para tener una vida adulta lo más feliz y plena posible. A nadie interesa educar con valores como la introspección o la meditación.

Al principio no había Iglesia. Posteriormente esta formación no natural de la pareja se institucionaliza con las religiones. La religión cristiana se formaliza en tiempos del emperador Constantino, en el siglo IV dC. El islam es aún posterior, Mahoma nace en el siglo VI de nuestra era. La guerra demográfica entre religiones es una realidad (solo hay que ver la situación en Palestina) y es lo que está detrás del matrimonio religioso. ¿Por qué esa avaricia de conquista? Al socio de un club no ha de importarle que este gane adeptos. Y la religión, une y se soporta por intereses imperialistas. En la Edad Media, los casamientos entre miembros de casas reales se hacían para anexar unos territorios a otros, y era fundamental que las familias compartiesen religión. Enrique VIII fundó la Iglesia anglicana protestante y su hija Isabel se vio inmersa en guerras contra los reinos continentales por motivos religiosos.

En tiempos modernos, ocurre que las iglesias se nutren de forma muy importante de los presupuestos nacionales de los países. Elegimos en nuestra declaración de la renta destinar parte de lo que nos corresponde pagar como contribuyentes a la Iglesia, por ejemplo. Traumático debió de ser para la misma el momento en que la pregunta en la declaración de la renta se desdobló, pudiendo elegir el contribuyente entre dar a la Iglesia, dar a fines sociales variados o a ambos. En fin, ser la confesión predominante en un país conlleva importantes beneficios.

No hay mayor cultura del apego que la que se establece por la religión, que rige el asunto de la familia. El sentimiento de culpa y el deber de perdonar las ofensas son ingredientes básicos del sistema. Es la única cosa casi en la que desde su nacimiento, el ser humano es asociado. Si un individuo no puede votar hasta una edad y no puede conducir hasta una edad, ¿por qué hasta una edad uno no es libre de estar vinculado a una religión que no elige? ¿Hay prisa? Una vez dentro, es más difícil salir. Decepcionarás a tus progenitores si no quieres hacer la primera comunión. Cuando nace un niño y el padre o la madre le hacen socio de un club de fútbol determinado lo hacen en la creencia de que le va a hacer mucha ilusión a su hijo, de mayor, ser socio del club, pero puede que al niño no le haga ninguna ilusión. De la misma manera se bautiza a un niño de padres cristianos y se le mete en el 'club', aunque puede que luego el niño no quiera ser cristiano, pero los padres creían hacer lo mejor porque esa religión forma parte de su sistema y ellos forman una familia acorde a esa religión. Y normalmente el grueso de la población no cuestiona que su religión no sea la buena porque poco se cambia o se sale... Un niño puede de mayor no querer saber nada de la religión a la que le asociaron, pero si se vive la religión de forma pasiva, pocos se hacen apóstatas.

Este es el sistema y no solo hay un estrecho vínculo entre la religión y el modelo familiar, interesa igualmente a los Estados el modelo de familia tradicional. El modelo familiar rige para el sistema de las pensiones, rige para el sistema fiscal, con la tributación individual y conjunta, y para tantos otros asuntos estatales y, como hemos dicho, el matrimonio tiene poco que ver con la ideología. A nivel colectivo sin duda, y cabría pensar que personas de ideología liberal no considerarían contraer matrimonio, pero aún, finalmente, el matrimonio civil es contraído como alternativa al religioso.

El estrecho vínculo existente entre el Estado y la religión sigue siendo patente a día de hoy, con países de mayoría musulmana que se denominan oficialmente como repúblicas islámicas, o en Japón, con su familia imperial, divina por la diosa principal del sintoísmo. Los dólares de Estados Unidos son acuñados con la frase *«In God we trust»* (En Dios confiamos). Seguimos tan vinculados a la Iglesia que un equipo de fútbol gana la Copa de Europa y pasa a hacer la ofrenda de la misma a una Virgen.

Pero es que sería además más costoso un sistema en el que hubiera tantas familias monoparentales como tradicionales, o tantos individuos viviendo de forma independiente. Se podría pensar que si la mitad de las familias solo tuvieran un progenitor, y el Estado diera ayudas a esas familias, el volumen de ayudas habría de ser demasiado elevado, ¿o no?

¿Por qué cuando alguien se casa goza de dos semanas extra de vacaciones, pero si no nos casamos, no tenemos esos derechos? Es discriminatorio. Gozan ahora también de estas vacaciones quienes formalizan su relación como pareja de hecho, lo que está muy bien, pero sigue siendo discriminatorio para quien no tiene nunca una pareja con la que quiera formalizar nada.

Las pensiones también favorecen a los matrimonios. ¿Por qué cuando una persona emparejada fallece, su pensión pasa a ser de la pareja, pero cuando una persona sola fallece, su pensión se pierde? Esto hace incluso que personas separadas de hecho no den el paso de divorciarse. Tal vez dos hermanos octogenarios convivientes podrían tener derecho a gozar uno de la pensión del otro, sobre todo si uno de los dos no tiene pensión.

Interesa al sistema que en la vejez estemos acompañados, y que tengamos descendientes, porque uno cuida del otro, y los hijos de los dos, luego interesa que haya familia. De las personas que están solas, alguien ha de ocuparse si no pueden valerse por sí mismas, y si ya hay alguien más en casa, una política social estatal que se encamine a esta necesidad no será del calado que tendrá que tener con un elevado número de solteros mayores. Si estando en pareja, fallece uno de los dos, y el que queda deja de valerse por sí mismo y no hay hijos, el Estado ha de ocuparse, pero ya solo ha de ocuparse de uno. Antes de que existiera el sistema de pensiones, había que tener descendencia para que le cuidaran a uno, y normalmente una hija quedaría soltera para permanecer con los padres.

Incluso, una persona que vive sola, podría elegir a alguien que se beneficiase de su pensión a su muerte, pues de haber estado casada, sí habría habido beneficiario. Uno dejaría dicho para quién quiere que sea su pensión cuando muera. Igual que tiene derecho la viuda o el viudo. De hecho, a lo mejor algún casado daría la sorpresa al fallecer de indicar que el beneficiario de su pensión no fuera su cónyuge.

¿Qué pasaría si, al contrario, al fallecer, la pensión se perdiera, independientemente del hecho de estar casado? ¿Llegaría menos gente casada a la mayor edad? Ahora, una importante parte del gasto público es el mantenimiento del sistema de pensiones. Vivimos demasiado para el tiempo que trabajamos.

¿Podría el Estado crear un sistema residencial de vivienda para quien, llegada la vejez, tuviera que dejar su piso alquilado, o vender su casa? ¿Podría sustituir el sistema residencial a una parte de la pensión? Una residencia para personas independientes y solas eliminaría para mucha gente la preocupación sobre los gastos que se derivan de mantener un piso con la pensión que se recibe.

La mayoría de compañías aseguradoras no admiten beneficiarios en un seguro si no están vinculados al titular por lazos familiares de primer grado. Un seguro médico se tiene que contratar solo o en familia. No puedes asegurar a tu hermano en tu póliza, en muchas aseguradoras. Y si una persona tiene dinero y un gran amigo al que quiere asegurar, probablemente no le va a poder incluir en su póliza con ninguna compañía.

Interesa al mundo nupcial. Miles de millones se mueven en el mundo a propósito de las bodas, los trajes de novia, los banquetes, las flores, los anillos, los regalos y los viajes de novios. Todo un negocio.

Interesa el sistema, de forma personal, solo a aquellos individuos, excepcionales, que han encontrado emparejándose de por vida una vida plena y satisfactoria. Son los menos, y quizás también los que menos piensan en él. Porque el sistema no les da problemas. No se sienten estafados, y el sistema no les arruina la vida. No se sienten fracasados por querer salir del sistema, ni por llegar a salirse de él. Y quizás tampoco hicieron nada especial para llegar a emparejarse con otro ser que provocó la situación de la excepción que confirma la regla. Para esos es para los que está hecho el contrato del matrimonio, y dado que hay que conocer la trayectoria, el mismo habría de tener una fase de pruebas de tiempo indefinido para poder decir al final de una vida: ¡Nos casamos! Quizás tras 40 años juntos.

Pero a todos se nos mantiene en la creencia de que para ser feliz en esta vida hay que estar en pareja, pero de forma permanente con la misma pareja. No se trata de no tener pareja, no se cuestiona lo grandioso del amor y del enamoramiento y del romanticismo. Claro que tener pareja y estar en sintonía con alguien es maravilloso. Lo que no funciona es la conversión de las relaciones permanentes.

Nadie queremos convivir con una persona que nos ignora, falta al respeto en el día a día, nos trata de forma desagradable, nos habla con superioridad o simplemente no muestra la menor ilusión por estar con el otro. El sentido común nos diría que hay que alejarse de esa situación. Pero la educación y la cultura, tradiciones y sistema, nos indican que hay que aguantar. ¿Cuántas veces hemos oído la frase 'hoy en día ya no se aguanta nada'? ¿Aguantaríamos al sol, si lleváramos tumbados a 40 grados dos horas, y hubiera un toldo hermoso y tupido a nuestro lado para dejar de aguantar la solana? ¿No, verdad? Se nos ha enseñado que hay que aguantar, y que cuando uno termina con un matrimonio, se ha fracasado. Si te quedas al sol, sufres. Y si te metes en la sombra, sufres también, porque no fuiste capaz de aguantar al sol.

Dos personas firman un contrato con ilusión, pensando que van a estar ilusionadas la una junto a la otra haciendo planes juntos de manera indefinida, y manteniendo la ilusión de ese día. Cuando las cosas van cambiando, y se ve que esto no es lo que se creía que iba a ser, seguir manteniéndolo lleva a las personas a no estar a gusto. Y ese no estar a gusto, si se mantiene días, semanas, meses y años, lleva a depresiones, falta de autoestima, apatía, y al final, a sacar lo peor de uno mismo hacia la pareja, pero también hacia otros, y por supuesto a descuidarse uno mismo. Hacia la pareja, cuando vemos casos en lo que una persona es encantadora con el prójimo, chistosa, simpática... pero con su pareja en absoluto lo es, y le habla violentamente en público, humillándola... y hacia otros, cuando vemos personas que se comportan con violencia, por ejemplo al volante, y no podemos evitar pensar que en equilibrio y armonía, desde luego, no estarán.

Interesa tal vez igualmente el sistema al mundo farmacéutico de los ansiolíticos y los antidepresivos. Siendo aún tabú hablar del consumo de este tipo de medicamentos, podemos recordar la conmoción que causó que la princesa de Gales tomara prozac, estando su príncipe enamorado de una tercera ¿Cuántas personas consumen estas sustancias precisamente por motivos sentimentales?

Abogados, detectives, consejeros y terapeutas matrimoniales. Todo un mundo gira en torno al matrimonio.

Si bien esto en Europa, puede parecer exagerado, porque aquí los avances sociales hacen que el asunto se diluya algo, en los tiempos modernos, con el surgimiento de algún nuevo modelo de familia, todavía muy minoritario, como puede ser el de las madres solteras que eligen una maternidad sin pareja (en el momento de optar por esa maternidad, sin que eso signifique que cierren sus puertas a relaciones), o el de las parejas homosexuales, lo cierto es que la idea de una relación de pareja duradera hetero como modelo a seguir sigue siendo predominante en el grueso del colectivo social. Hay que tener en cuenta que, para empezar, la mitad de la población, más o menos, si nos ceñimos a resultados electorales, es conservadora, es decir, no contempla algo diferente al matrimonio, y eso también aquí, en el continente socialmente más avanzado.

Solo hay que salirse de las grandes urbes para observar que la presión sobre el soltero casadero sigue vigente, en zonas rurales o en capitales de provincia (hablando de España). Si nos salimos del Viejo Continente, o del mundo occidental, contando con Norte América y Oceanía, lógicamente no hay opción novedosa que haga frente al sistema instaurado.

En China, y con ello hablamos de 1.400 millones de personas, organizan todo tipo de eventos para tratar de emparejar a los hijos casaderos, dejando de nuevo claro el camino a seguir. Los noticieros nos muestran cómo, para las fiestas de su año nuevo, los vástagos contratan parejas ficticias para que les dejen tranquilos en casa, o para no disgustar a la familia.

Latinoamérica, África... lugares en los que las tradiciones y la educación vinculada de nuevo a ideas religiosas, siguen fuertemente arraigadas, quedan lejos de la apertura a un nuevo sistema en el que la monogamia permanente no sea el modelo a elegir. La falta de educación básica universal, y de posibilidades de mayor educación, seguirá llevando a millones de mujeres a tener que depender económicamente del sistema de la familia, y por ello, de un marido. Recientemente pasé una temporada en un país centroafricano y de lejos, la pregunta que más veces hube de contestar, fue al porqué de no haberme casado.

¿Qué es lo contrario a ser libre? ¿Estar preso? ¿Enjaulado? ¿Atado? ¿Ser esclavo? ¿Ser controlado? La libertad, ese abstracto... Sabemos que no somos nunca del todo libres pero, ¿por qué ponernos límites voluntariamente?

Nos quejamos de que el Estado controla nuestros actos. La situación más grave de falta de libertad que se ha vivido con los confinamientos de la pandemia mundial es un claro caso de control hasta el límite, pero se dice ahora con numerosas actuaciones. Todo nos lo indican. Leyes y normas para casi todo. Y sin embargo, la Iglesia lleva controlando nuestra vida personal a nivel individual desde hace siglos sin dar opción de elegir para la vida adulta una forma de vida que no sea la existente (en connivencia, hasta hace nada, con la imposibilidad de votar y trabajar para las féminas). Parece que la Iglesia está ahí para el colectivo, como si se tratara de un servicio público, de un bien del que uno puede disfrutar si quiere o no. Pero eso no es así. A nivel individual, nos afecta aun sin querer participar de ella, de forma latente.

Llevamos el hecho de tener que tener pareja estable y duradera en nuestro fuero interno, porque para nuestros padres y sus padres y los padres de sus padres y así desde que nos hicimos sedentarios, ese era el camino y cuando cada generación quiere que la siguiente haga lo mismo que han hecho ellos es porque han pensado que era lo mejor. Era la opción de estar en el sistema, de ser normal, de no romper, de no ser diferente y de no montar lío. De no ser reprimido ni perseguido (a día de hoy se persigue de forma legal en tantos países aún la homosexualidad, por poner un ejemplo). De no humillar a la familia, de no hacerla indigna con nuevas formas de vida para uno. Bueno, siempre contando con que ahora va habiendo opciones, pero hasta ahora no había ninguna otra. Y esa universalidad de la idea la hace omnipresente, aunque no queramos participar.

¿Se piensa en el capitalismo y en otros sistemas de mercado que sin la unidad familiar el sistema quiebra? ¿También en sistemas socialistas?

Si nada dura eternamente y hoy en día menos (cuántos artículos están diseñados con una vida útil corta y de forma que el arreglo de los mismos sea más costoso que su reposición), ¿por qué seguimos haciendo contratos sin fecha de caducidad? De hecho, aunque algo durara eternamente, nos gusta variar.

¿Cuántos elementos de nuestra vida cambiamos aunque no haya necesidad de cambiarlos? La decoración de una casa o un coche. Cada uno tenemos unas necesidades de cambiar cosas en nuestra vida y hay personas que aun pudiendo, querrán conservar su coche 20 años y otros lo prefieren cambiar cada cinco. Muebles de casa, en fin, cuántas cosas... Eso sin que nos den problemas. Cuando nos dan problemas sí que tenemos un motivo real para querer cambiar las cosas y sustituirlas. Aún hay personas que prefieren no cambiarlas, pero la mayoría sí que opta por la rápida sustitución.

Con el matrimonio no hay devolución posible. Ni cambios ni devoluciones. O sí, pero a qué coste. En épocas de rebajas nos recuerdan los derechos de los consumidores a poder devolver. Hay leyes establecidas para protegernos de los fraudes, en ese y en otros muchos ámbitos. ¿A quién demandamos ante la firma de un contrato de matrimonio en el que posteriormente vemos que nos han tomado el pelo? Las instituciones permiten este contrato, siendo defectuoso como es. ¿De quién vendría una indemnización si una persona ve que otra se casó solo para beneficiarse de su patrimonio? Porque se da la circunstancia de que además, el enamorado adinerado, o enamorada adinerada, puede tener que pasar una manutención al ex para que este no pierda el nivel de vida que ha tenido como consecuencia de haberse casado con el o la rica. ¿No debería de ocurrir al revés y que fuera indemnizada la víctima del fraude? La estafa está tipificada como delito. Más o menos difícil de probar, bien. Pero si, al menos con la disolución del matrimonio, cada uno volviera a su vida anterior, sin pensiones que pasar, un montón de estafadores y estafadoras perderían interés en el contrato.

Los nacionalismos, los conservadurismos, nos hacen creyentes de miedos y preocupaciones, individuales y colectivos. Si no tenemos hijos, el país se llenará de migrantes, se suele oír. ¿Y el apellido? Si no hay descendencia, y con hijos varones, perdemos el apellido. Y tener hijos y descendencia, otra vez, pasa por la permanencia y la convivencia.

Todo se relaciona con la familia, y es que no hay que confundir el hecho de tener familia con el hecho de que dos personas que han tenido hijos en común tengan que convivir hasta el fin de sus días. Demasiada pena en relación al tiempo que fueron felices juntos, muy probablemente. Nada vale la prolongación de una situación personal indeseada. Pareciera que va a pasar algo al colectivo si el individuo no está en pareja, pero, ¿a quién le va a pasar? Es lo tradicional, lo que tiene que ser, la costumbre, lo habitual y da miedo cambiarlo. El mayor miedo es el de «perder a la familia», «romper la familia», no tener familia.

Y la familia va a seguir siendo familia, el padre es padre de por vida, la madre, madre de por vida, y así ocurre con todos los seres que se encuentran vinculados por consanguinidad. Un primo también será un primo de por vida, y una hermanastra.

Todos siguen ahí. Y uno se llevará con sus familiares igual de bien o igual de mal independientemente de si se vive bajo el mismo techo. Bueno, de hecho, muy probablemente la relación mejore con el cese de la convivencia, por ejemplo entre un padre y un hijo que se llevaran mal, no ya solo entre cónyuges. Y un hijo que no aguanta a su padre porque este insulta a su madre, a lo mejor le hubiera aguantado mejor si el padre se hubiera separado antes de aquella con quien felizmente se casó. Se dice que las familias se rompen, pero no es verdad. El clan está ahí, independientemente de donde more. Hay que quitar hierro, no dramatizar, no lamentar que una relación se termine, porque si termina, es que no iba bien. Hay que gestionar la nueva situación con ilusión, actitud positiva, mirando al frente, sin culpabilidad, con la conciencia tranquila y todo será más fácil si el colectivo actúa de forma conjunta con esa actitud ante el cambio.

Un matrimonio que no va bien y que finalmente se rompe por una infidelidad que quien ha cometido niega, podría terminar de forma no traumática si se tuviera asumido que naturalmente no hay vínculos exclusivos. El infiel diría la verdad (no se le tildaría de cobarde y mentiroso) y se entendería que la relación positiva, satisfactoria y sumatoria de armonía que llevó a esa pareja a querer pasar tiempo juntos y en exclusividad ya dejó de serlo y no tiene más sentido estar ahí. Y el padre y la madre tendrán unas responsabilidades para con sus hijos, pero no para con el otro progenitor.

Una persona que es infiel es lógicamente responsable de sus actos. Y puede ser suficientemente cobarde como para no ser capaz de terminar la vida marital que ya no le interesa, pero, cuántas veces oímos decir que un hombre se casó porque era lo que tocaba (dada una edad, llevando un tiempo en pareja...). El amor está en el aire, como dice la canción, y el camino a seguir, también.

El mecanismo entero se sustenta sobre una obligación de estar vinculados que, no olvidemos, se configuró para que los hijos pudieran heredar de sus padres. Y donde inicialmente era la mujer la que iba a estar controlada, ahora se ha terminado en un punto en el que están controlados los dos, tanto la mujer, como el hombre. Ninguno goza ya de libertad, por eso se le ha vuelto en contra al hombre, pero no hay que olvidar que todo se originó para ejercer un control, del hombre sobre la mujer.

Ahí está la semilla del machismo actual, pues lo que se ha hecho es poner a la mujer por debajo y a las órdenes de un hombre y con la mujer haciendo todo al servicio del mismo, en el momento en que, para ser madre, hay que ser de un hombre y depender absolutamente de él, pues la mujer nada tiene. Ahora bien, ese machismo del sistema civilizado se puede ejercer porque el hombre, como en toda especie de mamíferos, tiene más fuerza física que la mujer. Se trata de un machismo natural, al que no llamamos machismo en el sentido de que no decimos que un león es machista, pero que, al servir al hombre para doblegar a la mujer en la socialización de la civilización de la especie, sí se convierte en machismo. El machismo en la naturaleza no es tal, por cuanto no es utilizado por los machos en su beneficio, pero con los seres humanos, la cosa es bien distinta. Aun siendo utilizada esa fuerza, no pensaríamos en el término 'machismo'. Un documental sobre los delfines muestra cómo varios machos se ocupan de separar a una hembra del grupo para llevársela varios días y aparearse todos con ella, tras lo cual, la hembra puede volver a juntarse con su manada. No pensamos si son machistas o no los delfines, pero desde luego lo parecen. Ahí lo que observamos son los roles que cada ser asume en la naturaleza por su condición sexual. Veremos especies de pájaros donde el macho se ocupa del cuidado de las crías, o de traerles comida, mientras la hembra se ausenta, y ello es simplemente un asunto de roles en esa especie determinada. No hablamos aquí de si los machos de la especie piensan que tienen que estar por encima de las hembras, ni nada por el estilo. No pensamos tampoco que el pájaro en cuestión no lleva los pantalones en casa, ni es un blando, porque se ocupe de la prole tanto o más que la hembra.

Nos encontramos con una causa natural como origen de la situación. Después, utilizada en beneficio de una parte, con la adaptación de la vida del ser humano, de vivir en grupo a vivir de dos en dos, se produce una demarcación de los roles de forma oficial.

Ahora, llegados al siglo pasado, con la incorporación de la mujer en el trabajo se hace patente que socialmente los roles no son exclusivos de unos y otros, en el sentido de que la mujer puede hacer absolutamente todo aquello que hace el hombre (aunque este levante pesos con menos esfuerzo).

Esto es así, claro, es de siempre, pero hasta que no se hace patente, hasta que no se abre la situación, digamos, a que las mujeres puedan hacer en la vida, o puedan tener, las mismas ocupaciones que los hombres, no aflora ese machismo universal en el que uno de los puntos principales sea denostar a la mujer frente al hombre. Y ahora sí lo hay.

Hasta tiempos muy recientes, los hombres no tenían que atacar a las mujeres, porque las mujeres no entraban en el territorio de roles de los hombres. Ellas estaban en casa, ellos estaban fuera, y no había que estar dirimiendo si valían o no para lo que los hombres hacían fuera.

A partir de un momento dado, si las mujeres demuestran que valen tanto como los hombres, los miedos hacen que estos se vean amenazados. Igual que ocurre cuando se tiene miedo a la inmigración por pensar que la mano de obra extranjera va a ocupar todos los puestos de trabajo en un lugar determinado.

Las personas que no tienen miedo no se ven amenazadas, pero las personas que sí, claro que lo hacen, y nos encontramos con que la generalidad de hombres ve que la generalidad de mujeres quiere o puede ocupar su rol en el mundo profesional. Se genera una reacción por la que los hombres van a atacar a las mujeres, es decir, se crea una corriente en la que la creencia, o lo que se quiere hacer creer, es que las mujeres valen menos que los hombres. Los hombres se ven convencidos de que eso es así en un intento de ganar tranquilidad. Ese es el verdadero machismo. El humano, frente a lo natural (donde es claro que tenemos diferencias).

En esta corriente extendida a lo largo y ancho del mundo lo que los hombres transmiten, entre ellos, es que las mujeres son inferiores por el hecho de ser mujeres, que están por debajo y que no pueden tomar decisiones en contra de lo que ellos quieren. Este sentir, universal, llevado al nivel sentimental, y mezclado con el asunto de la convivencia en pareja, crea la situación en la que nos encontramos hoy en día de violencia llevada al extremo. Y este entramado es lo que hace que sea absolutamente tabú que un hombre pueda decir que una mujer le maltrata psicológicamente: si todos llevamos aprendido que la mujer vale menos que el hombre, un hombre que vale menos que una mujer, que asume órdenes de una mujer y que se ve manipulado por una mujer, cosa que se da en muchísimas parejas, no puede entenderlo, ni asumirlo, ni aceptarlo (tampoco debe), ni mucho menos contárselo a nadie, que para eso es un hombre. Nadie vale menos que nadie (y hay maltratos, manipulaciones y violencias ejercidas por ambos sexos) pero ha interesado educar en esa creencia.

El mundo en el que todos y todas trabajemos igualmente, sin atender a la condición sexual, es aquel en el que el contrato dejara de celebrarse (y mantenerse) tal como se redacta hoy en día, desde Mesopotamia.

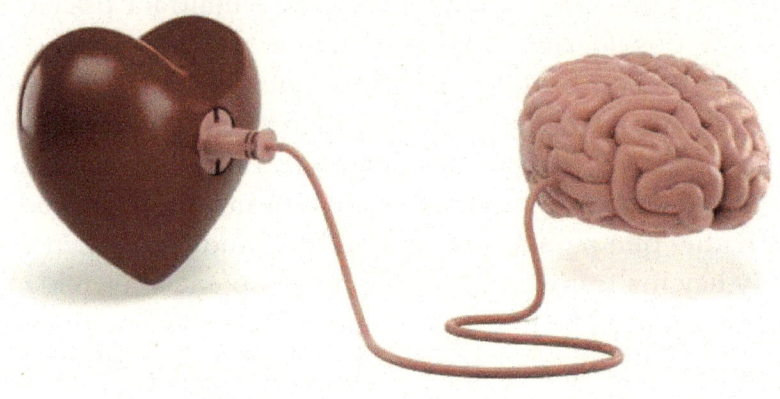

CAPÍTULO VI

EL ENAMORAMIENTO Y EL SUFRIMIENTO

Como venimos diciendo, ocurre que esta institucionalización nos afecta a nivel colectivo e individual. Al sufrimiento que genera a un individuo el sentirse fracasado o abandonado o apegado o económicamente arruinado, o que ha fallado a su familia... se une lo que sienten todos los de alrededor e incluso colectivos que ni nos conocen (la Iglesia verá cómo crece el número de separados y se echará las manos a la cabeza). El cambio de mentalidad es necesario a los dos niveles.

¿Cuánto sufrimiento hay en el mundo que se podría evitar? Habría que tratar de que el sufrimiento fuera mucho menor del que es y que la alegría o la satisfacción fueran sensaciones que se sintieran mucho más a menudo. Ello requiere de un cambio de mentalidad.

Podemos sufrir por hambre, sed, falta de aire, frío y calor. Podemos llegar a morir por cualquiera de esas causas. Pueden ser una constante o no en nuestra vida dependiendo del lugar en el que estemos, de nuestros recursos o de circunstancias sobrevenidas, como una guerra. Sufrimos también por dolor, o enfermedad. Tenemos sensaciones reales, originadas por una situación real, física, que se produce dentro de nuestro cuerpo, la falta de nutrientes o hidratación, una hipotermia o un golpe de calor, y una falta de oxígeno, y dentro de que cada uno de nosotros tengamos más o menos fortaleza física para aguantar estas situaciones, por nuestra complexión, por preparación mental, o por la naturaleza de cada uno de nosotros, en fin.

Dejando a un lado esas causas descritas, para el resto de situaciones que se dan en la vida, la actitud es básica a la hora de determinar cómo o cuánto vamos a sufrir ante una determinada situación. Esto es igual para todos los seres humanos. Somos iguales en materia de sufrimientos y disfrute. Una mudanza puede ser muy estresante para una persona en Occidente o puede llevarlo de mejor manera dependiendo de la actitud y la reconstrucción de la chabola para una persona que ha sufrido el paso de un tifón puede ser igual de estresante o puede no serlo tanto en función de su actitud.

Independientemente de los recursos y medios económicos de cada individuo, todos los seres humanos podemos tener un padre laxo, una madre dominante, un hermano que nos quiere mucho, un jefe que nos hace mobbing. Todo es común a lo largo y ancho del mundo. Los sentimientos que se generan son iguales, y los sentimientos que se generan alrededor de las relaciones sentimentales son exactamente igual.

Cuando vemos catástrofes o tragedias que ocurren lejos de nosotros, sentimos menos lástima o nos afectan menos por la distancia. No es lo mismo que te cuenten que un vecino de tu calle ha sufrido un accidente de tráfico a que te digan que en Alemania ha habido un accidente, pero la realidad es la misma. La química del amor es igual para todos, y cómo se relacionan las parejas también. Y a nivel mundial, en cualquier lugar del planeta, el sentir general es el de pena cuando una relación termina. Hasta con la muerte, hay lugares donde se hacen rituales o tradiciones alegres para celebrar la marcha del difunto allá donde vaya. Pocos, sin embargo, damos la enhorabuena cuando alguien se divorcia, y llegar a dar el salto es motivo de celebración, porque separarse de la pareja lleva muy a menudo mucho más tiempo del que debiera, y no es un buen rato el que se ha estado pasando.

El asunto más importante de las relaciones sentimentales es este sufrimiento que generan. Si esto no diera lugar a grandes desdichas, estaría todo bien, pero se trata de ser armoniosos, estar tranquilos y vivir una vida con paz y serenidad, de forma individual o conjunta, pero positiva. Las relaciones de pareja dan muchas alegrías, y eso no preocupa, claro, sería ideal que pudiéramos vivir con la sensación de plenitud que sentimos cuando estamos enamorados y somos correspondidos durante mucho más tiempo del que lo hacemos la mayoría de los humanos. Todo lo contrario, por esos cortos espacios de tiempo que pasamos con esa sensación, pasamos mucho más tiempo de nuestras vidas con pensamientos acerca de nuestra situación sentimental que nos provocan desazón o ansiedad, y que pueden llevar a situaciones de depresión duradera. La humanidad entera se ha visto alguna vez sufriendo por un tema amoroso, incluso cuando lo que ocurre es la ausencia de amor (no haber tenido nunca pareja, por ejemplo), y esto no habría de ocurrir, y ocurre porque hemos desnaturalizado las relaciones entre los individuos desde el nivel sexual, sufriendo todos los humanos, independientemente de su sexo.

En la fase de estar enamorado, momento de monogamia, uno sufre cuando el otro le abandona. Sufre porque pensaba que el otro iba a estar enamorado o a su lado toda la vida, y piensa eso porque es lo que nos han hecho creer (desde las películas animadas de Walt Disney, que vemos a los pocos años de edad, y donde hasta los perros se enamoran de por vida). Habría que oír: '¡Qué bien se os ve! !A ver como seguís cuando pase el enamoramiento!' (sin acritud. A ver qué solida es la amistad, y si continúan el respeto y el apoyo de manera recíproca).

Pueden producirse, desde el momento que uno de los dos ha dejado de estar enamorado, dos situaciones: una en la que la pareja se rompe físicamente, dejando de verse y estar junta, y otra en la que la pareja sigue actuando frente a la sociedad como una pareja, aunque una de las dos partes no siente ya la atracción que la llevó a emparejarse naturalmente con su par.

Al haber sido toda la vida soltera, al haber tenido variadas relaciones sentimentales, y al ser mujer (porque hablamos más, y recordar que el hombre emparejado no dirá que las cosas están mal), me he visto inmersa en muchas conversaciones sobre temas sentimentales. Uno tiende a abrirse con gente que se encuentra en su mismo estatus social de soltería, y ocurre que el soltero con vaivenes dará mucha más información de cómo son las cosas de su relación de pareja que una persona casada. Escuchar relatos de numerosos detalles que se producen por parte de una persona hacia su pareja, y los pequeños detalles importan mucho, dan la idea de cómo es la situación global.

Cómo son los detalles que se viven, los detalles que se aguantan, los detalles que no se pasan, cómo cada uno actuamos de una manera, cómo lo que para unos es inadmisible para otros tiene un pase o cómo personas muy rígidas para unas cosas, pasan por alto cosas que no se debieran pasar.

En esa situación de soltería prolongada se conoce más fehacientemente, porque pocos detalles ofrecen los casados de su vida de casados.

Son mucho más tendentes al hermetismo puesto que el juicio que pueden escuchar por aguantar según qué cosas les llevaría a tener que pensar en tomar decisiones a lo mejor que no se quieren ni plantear, o son incapaces de plantearse. Quiere decirse con todo ello que la cantidad y variedad de excesos que una persona puede ejercer sobre otra, manipulándola, presionándola, ignorándola, maltratándola, ninguneándola, controlándola, es ilimitado e infinito, y donde parece que algo es nada, lo es todo, y no hace falta que te insulten o te peguen, hechos rotundos, para que no merezca la pena continuar una relación. Con muy poco se sufre por motivo sentimental, y detalles que parecen nimios son motivo para terminar una relación.

Y el último caso que conozco es el de una mujer que no quiere dejar a su marido pero achaca a su amante enamorado que él no lo da todo por ella. En el proceso ella amenaza con suicidarse.

Suena desesperante, y diríamos que el amante la mande a paseo, sencillamente. De este sufrimiento trata este ensayo. El tiempo que pasa desde que un amante como este vive el primer detalle por el que habría que alejarse de esa mujer, hasta que lo hace puede prolongarse años (de hecho es una situación que se da desde hace más de tres años), un maltrato continuado del que no se habla porque además es ejercido por una mujer hacia un hombre. Se trata de un individuo de lo más común. Toma el bus cada mañana para ir a la oficina, charla con los colegas a la hora del café, sale a correr... nos podemos cruzar con miles de individuos cada día de los que no sospecharíamos nunca que anhelan una situación sentimental diferente a la que viven. De frente nos encontramos con el problema de la autoestima y con el aprendizaje que no se nos enseña, a alejarnos de todo aquello tóxico y que nos perjudica.

Si desde que nacemos nos enseñan que la fase de enamoramiento es una fase temporal, no sufriríamos cuando termina, porque lo esperaríamos como el hecho natural que es.

De las dos situaciones referidas, en la que hay ruptura física, y en la que se sigue con la relación (pero sin interés por la pareja), parece que se sufre más cuando se rompe la pareja físicamente, cuando se dice que la pareja 'ha roto', suponiendo un trauma para el dejado, pero lo cierto es que con la otra situación, la de la permanencia, se sufre mucho también, solo que de forma silenciosa y dilatada en el tiempo. He tenido relaciones con machos alfa, alegres picaflores, conquistadores con éxito, que nunca tendrían intención de vincularse a una sola pareja (¿qué necesidad?) y con un maltratador psicológico con don de gentes que era de cara a los demás una cosa y de puertas para dentro otra bien distinta. Con los primeros, sufría si no me respondían a un mensaje, pero realmente, mucho peor fue el segundo modelo de pareja, que sí quería convivir (de hecho convivimos, ponía yo el piso), llevando a una confusión mental que no se producía con el típico conquistador.

En ambos casos, el tiempo que uno queda enganchado a esa relación que se terminó, puede ser mucho más prolongado que el tiempo que duró la relación. Meses y años puede estar una persona pensando en aquella pareja con la que estuvo apenas tres meses.

En el caso de las parejas que no rompen la relación de convivencia, o no dejan de estar en pareja, sin serlo, la persona que ha perdido el interés, y que tiene motivos para no dejar al otro, como pueden ser la practicidad, el temor a estar solo, o a tener que enfrentarse a toda la familia, por ejemplo, o por motivos económicos, o por pena (por la pena que le da el dejado, anteponiendo la felicidad del otro a la propia libertad) acabará más pronto que tarde no siendo buena compañía, porque no está viviendo la vida que quiere. Esa persona comenzará a dar signos de hastío, y podrá llegar a la falta de respeto, la bordería, la desgana, y la violencia ante la sensación de sentirse presionada y acorralada. Aun sin borderías o situaciones tensas, si uno optara por estar ahí, solo con ausencia absoluta de ilusión, generaría en el otro consecuencias negativas. Por su parte, esa otra persona que no es dejada, ve que las cosas no son como antes, y tampoco deja a tiempo la relación, a pesar de ver como no es bien tratada, por no decir maltratada. Si la situación se prolonga mucho en el tiempo, puede acabar siendo un auténtico infierno, pero en cualquier caso, desde los primeros momentos en que esta fase comienza, ninguna de las dos personas está viviendo la vida como querría vivirla. Nadie quiere estar forzado a estar con quien no quiere y nadie quiere que quien esta con uno no le quiera como se quiere cuando hay amor y respeto.

Otra situación de sufrimiento continuado en el tiempo, y hasta que quiera el dependiente enamorado, se produce en esas relaciones que solo tienen contenido sexual, pero en el que uno sufre porque quiere algo más de la otra persona, y no solo sexo. Años. Años puede estar una persona utilizando a otra por la dependencia emocional de la segunda.

Fuera de estas situaciones, que son tan frecuentes, se dan otras más graves, que pasaron por lo anterior, y han llegado a mayor deterioro, como es el caso de aquellas en que uno no rompe una relación por el temor a lo que el otro le pueda hacer (y aquí, al contrario que en las otras, hay un componente por razón de sexo). Aun siendo mucho menos frecuentes, son demasiadas, claro es.

¿Cuánto sufrimiento se ahorraría el mundo si cada vez que una pareja deja de serlo, uno de los dos no pensara que se acaba el mundo? Si a Juana la Loca le hubieran enseñado que lo que hacía Felipe el Hermoso era lo natural, y que no era nada personal, y ella lo hubiera asumido desde niña, que así serían las cosas si una se emparejaba con un macho alfa por más tiempo del necesario, probablemente no hubiera actuado como lo hizo, y nadie la hubiera encerrado en Tordesillas.

Y este es un caso conocido, como muchos otros. Hombres y mujeres que han pasado la mayor parte de su vida adulta anhelando el amor de un individuo en particular, determinando este hecho gran parte de su existencia. María Callas, loca por el armador griego Onassis, que mantenía con ella una de esas relaciones en las que uno de los dos quiere algo más, y se conforma con lo que el otro está dispuesto a darle, resignándose, para ver cómo aparece otra mujer por la que el hombre sí lo deja todo (en este caso la viuda de Kennedy).

Si sumáramos todos los pequeños detalles que se aceptan del ser querido, cuando no nos corresponde, de todos los individuos y de todas las relaciones de pareja entre seres humanos, que se producen cada día, tendríamos un número infinito de afrentas que nadie tendría que estar dispuesto a aguantar.

Con el ser querido no necesariamente llevamos una relación de tiempo. Porque ocurre que las personas pueden tener dependencia emocional hasta de un completo desconocido o desconocida. Personas que no llegan ni a conocer a la otra persona en vivo y en directo, solo habiendo contactado mediante redes sociales de búsqueda de pareja, pueden hacer depender su estado de ánimo del hecho de que su interlocutor haya contestado o no a su mensaje del día anterior. Y con los whatsapp, cómo se puede depender de lo que el otro lee o deja de leer, o de si contesta o de si no lo hace, o de si está en línea... no hablamos de personas de menos edad, encontramos dependencias de este tipo en personas maduras, hombres y mujeres.

Y dentro de relaciones consolidadas, detalles tan variados... no escuchar nunca de tu pareja que la comida ha salido buena, y sí a menudo un 'otra vez esto', ver cómo a la otra se le ilumina la cara cuando recibe una llamada de su ex, plantones a última hora (aún ahora que todos tenemos móvil), hacer planes cuando las vacaciones no están próximas para dejar de mencionarlos a medida que se acercan las fechas; descubrir que alguien ha usado tu toalla mientras estabas de viaje de trabajo; ver cómo tu marido flirtea con su amor platónico de años, compañera de trabajo; ver cómo tu pareja se derrite con detalles con invitados o amigos, o incluso con el guapo camarero que sirve la mesa, cuando contigo lleva todo el día siendo arisca. Situaciones que se admiten por no estar solos, porque hay que aguantar, porque es que ella es así, porque si nos separamos a ver cómo hacemos, porque es mujeriego pero a quien quiere es a mí, porque después de lo borde que ha sido me ha invitado a cenar... tratamientos a la pareja peores de los que se dispensa a las amistades, con las que no cabe tal trato.

Todo se da demasiado a menudo. Y para los que han contraído matrimonio, casi sería tabú hablar de detalles, como hemos dicho.

Tras acabarse esa fase de enamoramiento, muy pocas personas siguen sintiéndose plenas teniendo al lado a esa persona de la que se enamoraron. Para esas pocas personas, queda un respeto y una admiración por la otra, y si eso ocurre en los dos sentidos, ambas personas permanecerán juntas y felices mucho más allá de la fase del enamoramiento. Pero eso no ocurre mucho. La combinación de que ambas sigan sintiéndose plenas al lado de la otra, habiendo terminado el enamoramiento es poco probable.

En el resto de los casos, cuando se terminó la fase del amor, lo mejor es acabar la relación de monogamia. Pero como nos han enseñado que cambiar de pareja, o ser soltero, está fuera de lo establecido, y se nos califica con todo tipo de vocablos (además menos amables con las mujeres que con los hombres, como en tantos otros aspectos de la vida), para que sepamos que eso no está bien (aquí entra en juego la moralidad y lo que está bien y lo que está mal), tendemos a alargar una relación que ya acabó (ya acabó el momento en que la misma aportaba armonía y disfrute).

Estamos así en una jaula, pasando la vida, esperando a que crezcan los niños si los hay, y tal vez pensando que bueno, que es lo que hay y que así son las cosas. Se está viviendo un tiempo de la vida en el que te amoldas a tener un individuo al lado con el que ya no tienes ilusión o sientes alegría por tener cerca, pero que tienes a tu lado, porque compartes techo. Y lo que eran alegrías, y dejan de serlo, se convierten finalmente en obligaciones o situaciones que tienen lugar porque así son las cosas, como ir de vacaciones.

No hay que estar pegándose para sentirse enjaulado, ni siquiera hay que estar sufriendo o infringiendo daño psicológico para sentirse encerrado, simplemente, el individuo anhelaría una independencia que no posee.

Cuento aquí una anécdota de un matrimonio en el que el marido, cuando llegaba la hora de cenar, después de volver de salir a correr, después de volver de trabajar, es decir, después de no pasar el día en compañía de su mujer, se ponía unos auriculares para oír noticias deportivas, de forma que nadie hablaba durante la cena. Esta situación nunca debería darse, pero la mujer, muy joven, me lo contaba resignada.

Cuando una mujer ha vivido una vida en la que ha podido permitirse cambiar de pareja cuantas veces ha querido, y ha tenido sucesivos maridos, podemos oír expresiones como vivió como le dio la gana, o hizo lo que quiso. Se deduce que las que han estado al lado del mismo hombre no hicieron lo que quisieron.

Hay que pensar que un acto instintivo de la naturaleza, mantener a la especie, no tiene ninguna connotación romántica, como pasa con los actos de comer, dormir, o beber. Son actos de supervivencia de la especie. Pero consideramos un acto íntimo tener relaciones sexuales. No damos más importancia a comer con un miembro del sexo opuesto pero sí damos más importancia a la relación sexual. La eterna cuestión de si se mantienen relaciones sexuales en una primera cita no tendría lugar si no pensáramos que hay que reservar algo para algo (luego, decimos). Es natural pensar que el macho quiere mantener relaciones sexuales en la primera cita y en todas. Si luego encontramos un macho que no quiere, estará bien, pero lo que tenemos que asimilar es que lo natural es que sí que las quiera tener. La consecuencia de no pensar que es natural es indignarnos cuando vemos que claramente un hombre muestra que esa es su voluntad. Y decimos que es que solo iba a una cosa. Y nos molesta. Cuando lo que está haciendo es ser natural.

Una mujer me decía hace poco que, con dos citas, se había acostado en el primer encuentro, y que no le habían vuelto a contactar. En consecuencia, no iba a ir tan rápido la próxima vez (puede que el motivo de no repetir no fuera ese, pero ella pensaba que sí). Si no van a querer conocerte más por ese hecho, cuanto antes dejes de saber de ellos, mejor, le dije. La mujer tiene 47 años, estamos en Madrid, año 2022. Cuando damos una connotación romántica a uno de estos actos la consecuencia es que nos van a traer sufrimiento. Cuando pensamos que por mantener relaciones sexuales el vínculo se va a estrechar entre un macho y una hembra creamos una expectativa que no es natural. Esto no ocurre con las leonas y las monas, de nuevo me tengo que remitir a los mamíferos, como a lo largo de todo el ensayo. Una mona mantiene relaciones para tener una descendencia de un macho alfa pero no siente pena o no anhela luego volver a tenerlas, o no anhela que el macho alfa permanezca a su lado o no anhela que el macho alfa solo tenga relaciones con ella. Si nosotros asimilamos esa realidad, dejamos de tener pensamientos frustrantes y, por ende, de sufrir. Los cuernos no serían cuernos, es decir, no serían actos decepcionantes. Ni en un sentido ni en otro. Un macho alfa procrea con muchas hembras y una hembra procrea con machos alfa, y no siempre con el mismo, sino con el mejor que aparezca cada temporada, o celo. Y como ocurre en ocasiones, en primates durante un tiempo sí puede haber un vínculo durante un espacio de tiempo entre un macho y una hembra determinados. Es decir, que todo lo que hemos creado alrededor de la pareja, cada vez que falla, da lugar a situaciones frustrantes y estresantes, crea ansiedad y nos hace ver cómo las expectativas no se alcanzan. Y todo es porque hemos creado una realidad o queremos pensar en una realidad que no se da en la naturaleza. Son nuestros pensamientos los que de forma colectiva la han instaurado e institucionalizado. Y cada vez que uno de nosotros se enamora cae en particularizar esas expectativas para sí. Cuando una persona se casa enamorada tiene la creencia de que la relación va a ser positiva y enriquecedora para siempre, pero en muy poquísimas ocasiones se va a cumplir ese hecho.

Cuando se acaba una relación, se busca una causa del tipo de la infidelidad, pero en realidad esa es solo una consecuencia de que la relación de monogamia estaba acabada. La relación de pareja monógama habría terminado antes, al menos para uno de los dos.

No hay que buscar culpables en que alguien deje de sentir algo. Una persona deja de sentir algo y puede tener un carácter más o menos fuerte, o cobarde, o conservador... y eso hará que alargue algo más o menos en el tiempo, que no reconozca que las cosas no van bien, que no quiera pensar en que la cosa no ha ido como el sistema le dijo que debía haber ido, que no quiera pensar, porque de hacerlo, tendría que tomar decisiones. Muchas veces quien termina una relación no es de las dos personas la que ya no quiere estar al lado de la otra, sino la que quería continuar con la relación, porque puede que sea, o es de hecho, la que tiene más coraje y tira hacia delante.

Las cosas no son definitivas, todo es cambiante, y cuánto oímos y decimos que lo que hay que vivir es el presente, el aquí y el ahora. Las cosas vienen siendo malas, y lo vemos en este momento, pero posponemos el cambio, pensando en el futuro, en que mejorarán, tal vez. Tampoco en esta mentalización y re-situación al momento presente, que debería estar tan presente en nuestras cabezas, ayuda todo lo que nos rodea. Continuamente se habla del pasado y del futuro, de aniversarios, bicentenarios, ruinas romanas, hombres voladores colgados de drones, pandemias por venir, pensiones que se acaban... de nuevo, nos distraemos del momento presente, que ha de ser armonioso. Y si no lo es, se escapa uno a pensar en el futuro, y si hay miedos, no se acaba nada y la perpetuación de una situación nociva la hace peor. Lo malo si breve, menos malo.

Salirse no es fácil, con escala de dificultad, llegando al imposible para algunos. Y se convierte el ambiente en gris.

Hasta no habiendo, aparentemente, problemas, el vínculo a una persona supone una merma a la libertad, no solo en materia de relaciones sexuales, sino también a otros niveles: una persona emparejada encuentra en muchas ocasiones que hay que pedir permiso a la otra para ir de vacaciones con sus amistades, por ejemplo. ¿Y por qué puede que alguien se enfade porque su pareja quiera ir de vacaciones con sus amigos? Por una causa importante: falta de confianza. Porque en el fondo sabemos todos que no somos monógamos.

¿Por qué se quiere firmar un papel que coarte libertades, las de uno mismo? ¿Por qué un individuo adulto ha de pedir permiso para ir a tomar algo? ¿Y por qué ha elegido tener que hacerlo? ¿Por qué es un problema que una persona no quiera pasar tiempo con los padres de otra? Hay creado un conjunto de obligaciones alrededor de la figura de la pareja, y mostrar desacuerdo ya es motivo de fricción.

Como se ha dicho, no hace falta que haya problemas. Solo con la ausencia de ilusión hay suficiente. Si está probado y estudiado que el enamoramiento perdura unos 6 años como mucho (y es algo que escapa a nuestro control), y si además en el peor de los casos no llega ni a los dos, ¿por qué nadie se ha opuesto a la idea de la permanencia? Hasta que la muerte nos separe, se dice en la religión cristiana. Cuando las parejas van a terapias están intentando mantener algo que ya no se puede mantener. Si continúan, asumirán la continuación en el gris pero raramente van a recobrar alegría por estar al lado del otro como cuando dijeron que querían estar permanentemente al lado del otro.

Ocurre lo mismo con las versiones que te cuentan una y otra de las partes de la pareja. Da igual que uno te diga que le pone nervioso que el otro haga tal cosa o que el otro cuente que es que la otra hace esto. Son síntomas que expresan que en realidad uno no querría tener al otro vinculado a él ya, porque al principio nada de eso pasaba. Cada uno, puede conseguir, sin querer, sacar lo peor del otro, logrando que una persona, que individualmente tratada, puede ser excelente, amable, detallista y dispuesta a ayudar al prójimo, bajo presión se convierta en un monstruo.

La propiedad es como hemos dicho una invención humana, y lleva inherente la posesión. Puedo poseer algo que no es mío, poseo un tenedor que estoy utilizando, y puede que no sea la propietaria del tenedor. Pero si oficializamos la posesión, con un título de propiedad, es mío, lo posea o no. Se dice 'mi marido, mi esposa', y hay ahí una idea de pertenencia entre individuos, que llevada por el mal camino resulta muy dañina. Una persona decide qué hace con sus posesiones materiales, con sus pertenencias, pero con otro individuo, que tiene la misma capacidad de decisión que uno mismo, se entra en un control. Y se entra incluso sin necesidad de estar oficialmente casados, claro es, con novios y novias y relaciones con escaso nivel de compromiso.

En demasiados casos, por controlar la voluntad ajena se acaba matando a la pareja o expareja. Es el extremo de la posesión y el ejercicio de ese control sobre la vida de otra persona, como si nos perteneciera hasta poder llegar a eso. Entran en juego también los celos. La fuerza física del hombre sobre la de la mujer es indiscutible. Por controladora que sea una mujer, las consecuencias difícilmente serán tan trágicas como cuando un controlador llega al límite. O pueden serlo, pero la frecuencia con que se dan es mucho menor.

No habría celos, o en cualquier caso no sé tendría ese sentido de la propiedad, si el sistema no fuera como está establecido. El nuevo poliamor puede ayudar a promover el aperturismo de mentalidad en materia de exclusividad, y ello es muy positivo, aunque no quita que en el momento del enamoramiento, el o la enamorada no van a estar más que para su amado. El hecho de que un macho alfa quiera conquistar a otras mujeres, a parte de la 'suya', ha llevado a muchas de nosotras a vivir al lado de hombres que llevaban vidas paralelas prácticamente sin tener que ocultarlo. De nuevo aquí el componente machista sí es fundamental, pues una de las dos partes de la relación era la que podía ejercer libremente cualquier práctica sexual fuera del matrimonio, siempre el hombre. Esto es penoso en una existencia, la de una, por muy generalizado que estuviera en el colectivo.

La teoría de la evolución lleva a permitir que el macho alfa de la especie trate de extender sus genes al más amplio número de hembras, pero como aquí le tenemos casado, el macho alfa no puede expandir nada, lo que le frustra, y la mujer del macho alfa, piensa, cree, que el macho alfa es suyo.

Y se enfada si el macho alfa va intentando hacer lo que es bueno para la especie, lo que es bueno para todos. Y no es que ella sea egoísta y solo piense en ella, es que es lo que le han enseñado. ¿Os imagináis que la leona no deje al león aparearse con quien quiera? Cómo somos, de forma natural, se convierte en un problema cuando firmamos contratos de exclusividad y permanencia.

Dentro del sufrimiento se soporta también ese que se produce cuando la mujer, y la sociedad en general, comprueba que el hombre no se ocupa de la prole como lo hace ella. Lógicamente no esperamos que un león se ocupe de la prole, porque naturalmente no lo hace y está asumido. Y esperamos del macho de nuestra especie que sí que lo haga. Eso causa conflicto. Supone una lucha que lleva a políticas sociales y campañas a tratar de mentalizar de lo que uno tiene que hacer en casa y lo que no. Se discute que el hombre no tiene que ayudar, puesto que ayudar supone que la mujer carga con todo el peso y lo distribuye, de manera que el hombre solo va a cooperar. Así se espera que un hombre haga tanto como lo que hace una mujer que también trabaja fuera de casa hoy en día. Pero como se ha dicho, supone una lucha. Y toda lucha supone conflicto y, por ende, falta de tranquilidad y de armonía. ¿Y si asumiéramos que el macho del humano, mamífero, igual que asumimos lo que ocurre con el león o con el elefante, no se ocupa de la prole? Si asumimos eso nos evitamos conflictos. Hemos de buscar una solución práctica para que una mujer pueda tener a los hijos atendidos y pueda trabajar, sin que el padre de sus hijos, sea o no común a todos ellos, se ocupe de su cuidado. De la otra manera, en esta batalla, se produce muchas veces una situación por la que una mujer, y la sociedad, va a concluir hablando mal del progenitor de sus hijos, y en conflicto. A nivel interno, esto se traduce en nervios y enfado, pero eso son cosas de cada uno, de cada individuo, y puede que la otra parte esté tan tranquila. Y es que, de nuevo, todo es natural.

Y diremos que el padre es un vago, el padre no toma decisiones, el padre va a lo suyo, el padre no organiza, está cansado... podemos hablar de ingenieros y médicos, por decir profesiones que suponen una alta cualificación. No es que no puedan hacer las cosas de la casa, o les falte capacitación. Consideran que no va con ellos. La excepción es que un hombre se ocupe de la prole y se ocupe de la casa. Hay hombres muy hacendosos, pero a esos no han tenido que decirles nada para que quieran tener su casa en orden. Si están solos, tendrán su casa en orden. Y si están acompañados, tendrán su casa en orden. Si se quiere, no hay campaña social que haga falta. Igualmente hay mujeres que no son en absoluto hacendosas. Es decir, no diferenciamos por sexos lo diligentes o no que somos los individuos en nuestro día a día con nuestras cosas. Y hay que tener en cuenta esa forma de ser y actuar que nos caracteriza a unos y otros, pero si un niño cae enfermo, la mayoría de nosotros pensamos que la madre, de forma natural, va a saber desenvolverse mejor ante la situación. Y para eso no hacen falta políticas sociales de educación.

No se quiere decir con esto que ellos no deben ocuparse de la prole y no se puede generalizar. Hay padres que son excelentes trabajadores dentro de casa, como fuera de ella, pero no hablamos de ellos. Hablamos de los que no hacen en casa. Es otro de los motivos que lleva a tener conflictos en la vida diaria de una persona, consecuencia de tener pareja, en este caso, que no apoya. Una madre querrá, aunque esté cansada, y de forma 'natural', ponerse a hacer patatas fritas porque a su hijo le gustan, y quiere darle el gusto, aunque tenga patatas de paquete en la despensa. Como ese 'duermevela' que pasan a tener las madres cuando se convierten en tales, y que difícilmente tienen ellos. No es reprochable. Lo reprochable será que no se levanten a ver qué pasa, y de nuevo, puede que ni eso.

Como se ve, numerosas son las fricciones que se pueden dar por mantener conviviendo a dos individuos como si fueran pareja cuando ya no lo son, celos, controles, obligaciones sociales, cuidado de hijos, relaciones sexuales por obligación, sin ganas... Recuerdo aquí el caso de un hombre que se apuntó a un gimnasio para no estar en casa.

¿Por qué, sabiendo todos el alto índice de fracaso que hay en los matrimonios, viviendo todos situaciones de separaciones en nuestras familias, trabajos, entorno... damos la enhorabuena cuando alguien se casa? ¿Por qué no advertimos?

No hay en el sistema mundial instaurado una institución con mayor índice de fracaso que el de la oficialización de una relación de monogamia, con la convivencia que lleva implícita, y seguimos animando a todos al precipicio.

Cuando una persona que se casa, lo hace con su cuarta pareja, tuvo tres relaciones anteriores, con lo que podemos decir que fracasó en el 75% de sus relaciones. Y digo tres porque lo considero un número más o menos razonable de relaciones, antes de que uno decide oficializar una de ellas indicando que esa es a perpetuidad. A más relaciones, el porcentaje de fracaso aumenta. Y se dice que fracasa una persona en sus relaciones porque de nuevo, la educación y el sistema nos hicieron interiorizar que si una relación se acaba, es porque ha ido mal: No has tenido suerte, otra vez vuelta a empezar, esta persona no tiene suerte en el amor... No fracasa en absoluto. No es un fracaso que una cosa que tiene una duración llegue a su término. Una relación empieza, con una química, sigue mientras esa química perdura, y luego el enamoramiento termina y raramente el compromiso sentimental supera en el tiempo al enamoramiento, con lo que la relación de pareja exclusiva llega a su término, de forma natural. Uno se ilusiona cuando descubre que practicar el golf le gusta mucho, puede jugar varios años, y luego puede dejar de tener entusiasmo por ese deporte y fijarse entonces en la equitación, y en ningún momento fracasó.

Si algo causa tanto sufrimiento, ¿no habremos de ir a la causa? ¿Por qué ponemos parches con el matrimonio y las relaciones alargadas más allá de lo necesario?

No se ha elegido mal, no se ha fracasado, no se ha tenido mala suerte con los hombres o con las mujeres o con las relaciones. Es todo invención, dando una connotación negativa a todas aquellas situaciones que no son la de estar al lado de la misma persona por mucho tiempo. Simplemente una pareja ha dejado de serlo de forma sexual, y mantenerse vinculado a otra persona sin dicho nexo no tiene sentido natural, y si no se corta el compromiso adquirido en el momento de romperse ese vínculo sexual, entramos en zona gris, si tuviéramos que darle un color.

Una institución que tiene unos índices de fracaso como los que tiene, ¿no ha de ser modificada? ¿o revisada? No se puede mantener que un sistema es bueno para todos, aun cuando quienes se casan lo hacen de forma voluntaria, cuando solo favorece a muy pocos, y de suerte.

Cuando se vio que fumar era nocivo, si se puede entender como un vicio masivo, o en cualquier caso como una actividad realizada por un número importante de personas, se prohibió. Con grandes beneficios para las tabaqueras, los costes para los sistemas de salud eran enormes, y se hacía frente a ellos con impuestos, pero aún, no se mantuvo el sistema, y se trataron de minimizar las consecuencias de esta adicción minorando el número de fumadores, subiendo impuestos, poniendo fotos horribles en las cajetillas de tabaco, haciendo que el fumador tuviera que meterse poco más o menos que en jaulas para fumar, por ejemplo, en aeropuertos. El número de fumadores se ha reducido drásticamente porque se les ha enseñado que eso era nocivo. Lo que parecía placentero, puede acabar contigo. No deja de haber fumadores, pero se les está avisando por todos los medios posibles de que es mejor que no fumen.

Asimismo, hay que tratar de bajar esas numerosas rescisiones del contrato del matrimonio ¿Quién avisa de que es una fórmula con un alto índice de siniestralidad? Nadie. ¿Cómo reducir las cifras de anulaciones? Minorando el número de matrimonios que se contratan. Porque sabemos que hay una letra pequeña fraudulenta, la cláusula de la permanencia.

Abogar por mantener. Hay que esforzarse, hay que cuidar la relación, mimarla cada día para que dure. Esforzarse por mantener la ilusión. ¿Por qué? ¿No nos dicen por otro lado que todo es cambiante y dinámico? ¿No está todo en movimiento?

Cada uno mantendremos y nos esforzaremos por cosas que queremos tener cerca, a nuestro lado. Pero cuando vemos que ya no queremos algo, y deseamos cambiar, ¿hacemos acaso esfuerzos por alejar el pensamiento de que queremos, por ejemplo, dejar de practicar yoga para pasar a probar con el padel?

¿No se nos dice que hay que salir de la zona de confort (mal llamada así, porque muchas veces de confortable no tiene nada)? Dejar una relación duradera cuesta, porque todo está en nuestra contra (emocional, social y económicamente). Si una relación va bien, perfecto, una suerte. Pero si va mal, toda decisión que se tome está mal y solo hay dos opciones: dejarla parece malo, cuando permanecer es peor.

Muchas de las ansiedades y de las las 'comeduras de cabeza' de los seres humanos vienen por no aceptar las cosas tal y como son. Esperamos ver cambios en las personas o esperamos que comprendan nuestra postura o no entendemos por qué una determinada cosa es como es. En el caso de la pareja, y de nuevo esperando que una persona que ha dejado de tener interés en nosotros o ya no nos trata de la manera en que nos genera confianza y tranquilidad, para pasar a generarnos disgusto e intranquilidad, queremos que las cosas vuelvan a ser como antes.

Todas esas situaciones de estrés mental que se generan dejarían de tener lugar si asumiéramos cómo es la naturaleza del ser humano, y lo aceptáramos. Todos esos males vienen porque no estamos considerando que las cosas son como son y que son como son porque el mamífero no es monógamo. Si asumiéramos esa realidad en la que muchas veces ni siquiera pensamos, porque nos quedamos en la superficie, pensando que lo que tenemos que asumir es que nuestra pareja, por ejemplo, se ha fijado en otra persona, estaríamos mucho más tranquilos. Asumiríamos que dado que no somos monógamos, eso era lo que tenía que pasar o eso era esperable. No habría tantos disgustos, no habría culpabilidad pensando que se tenían que haber hecho las cosas de otra manera para que eso no ocurriera... Simplemente, asumiendo que la monogamia entre mamíferos dura un determinado lapso de tiempo, estaríamos mucho más preparados para asumir el fin de una relación aunque no quisiéramos dicho fin. Porque tendríamos la base asumida, la causa principal aceptada. Es decir, que el motivo natural es el motivo fundamental por el que una pareja termina una relación. Y la punta del iceberg es el motivo que en cada caso se da: ya sea por desgaste, ya sea porque uno se siente enjaulado, ya sea porque uno desvía su atención hacia otra persona. Lo que subyace es la naturaleza de no permanencia en todos los casos. No personalizaríamos diciendo que hay que ver lo que a mí me pasa... Que qué mala suerte, que qué desgracia... Todo ese sufrimiento, todo ese pensamiento negativo y tóxico en el que podemos sumergirnos.

A una persona que hace según qué cosas le da igual que la relación se termine. No se está jugando nada. Y está viendo lo que la otra persona es capaz de aguantar por seguir con esa relación. Cae en una dinámica en la que no importa faltar al respeto, ningunear... ya no quiere cuidar de esa relación, pero está metido en ella, con las consecuencias que eso conlleva, y va a percutir en el carácter y en el comportamiento. No quiere dejar la relación. Pero por el simple hecho de que no quiere tener que actuar para acabar con ella. No quiere tener que ocuparse ni de terminar la relación. Tan poco es lo que le importa. Se puede pegar así meses y años de convivencia o de ir y venir con esa otra persona de vacaciones, sin considerar que haya que actuar y tomar una decisión respecto de la situación. Claro ejemplo de quien no se juega nada, emocionalmente hablando, es el infiel.

Los detalles en los que se ve que una persona no tiene ya interés en una relación son ese tipo de detalles de los que te preguntas si están hechos a posta, para que te des cuenta de que algo va mal, o se han hecho sin querer. Porque cuesta pensar que están hechos sin querer. Y cuesta pensar que estén hechos a propósito, porque hay que asumir que quien los hace es consciente del daño que producen, pero le da igual. Se habla, se tienen largas conversaciones, se discute, se piden disculpas por el malentendido y tras varias de esas, la confianza se mina. Finalmente, llevan a quien no quería dejar la relación, a dejarla. A tomar la decisión que no toma el que primeramente perdió interés.

Todos estos procesos son largos, duros y dolorosos, y podrían ser mucho más breves con un cambio de mentalidad. Más breves y llevados de una forma menos grave, un proceso en que no se acumularan horas y horas y días, semanas, meses y hasta años de detalles feos que no hay por donde coger, largas conversaciones para tratar de convencer al otro recíprocamente de cómo está la cosa, mejoras, empeoramientos, esperanzas, recaídas... para acabar igual que si se hubiera acabado mucho tiempo antes. Es verdad que todo lleva un aprendizaje, y hasta que no se ve algo, se sigue ahí, pero el cambio del entorno y la mentalidad llevarían a un aprendizaje más ágil.

No se pueden contabilizar las horas de nuestras vidas que los humanos pasamos pensando en amores no correspondidos, amores platónicos, en el porqué algo acabó, en el porqué aguanté lo que aguanté, en que quiero dejarle, pero me da pena, en preocupaciones de la falta de confianza, en si me ha puesto los cuernos, o me los va a poner, o dudo de todo, o no me creo nada de lo que dice, excusas, ha mirado mi estado, ha leído el whatsapp y no contesta, denuncias, desplantes, mentiras, manipulaciones, intereses...

Y no se trata de que no haya relaciones y de que nos convirtamos en robots sin sentimientos, no, en absoluto. Hay que tratar de que sean más numerosas las relaciones positivas y armoniosas que las terminadas que continúan, o mediocres. Conocemos cientos, miles de parejas, pero de muy pocas decimos que son envidiables. Y no porque sean envidiables ahora, tienen que durar para siempre, aunque ojalá, claro.

Con quien te lleves bien has de relacionarte y seguirás relacionándote. Con quien no te lleves bien no has de relacionarte o no deberías. Porque te alterarás, te descentrarás. Y esto te pasa con cualquier individuo que forme parte de tu vida. Hay que relacionarse dando luz, esto es, siendo amable, siendo agradecido, sonriendo, siendo humilde y no importa que la contraparte sea tu hijo, tu hermano, tu vecino, el conductor del autobús, un compañero de trabajo o un pasajero del metro. Y no importa que tengas pareja o no tengas pareja para relacionarte como quieras. Uno no deja de ver a sus hijos por separarse, no deja de tratar con ellos, no deja de hablar cada día si se quiere y todo eso es posible si la relación entre dos progenitores que ya no son pareja es pacífica, luminosa. ¿Cuántas parejas se llevan mejor una vez han dejado de tener que ser pareja bajo el mismo techo que cuando tenían que convivir?

CAPÍTULO VII

EL ACOMPAÑAMIENTO Y LA SOLEDAD

Como animales sociales que somos, las relaciones entre individuos marcan nuestra existencia de una forma importantísima. Y estas relaciones nos pueden traer grandes alegrías pero también nos pueden causar grandes pesares. Y una parte del motivo por el cual las relaciones personales nos hacen sufrir es por el componente educacional. En un mundo cambiante como el que es y en el que estamos, con un universo en permanente movimiento, lo que nos han enseñado es que la relación ha de perdurar.

La soledad es un concepto que se vincula de forma indeterminada a una avanzada edad. Y sin embargo es un sentimiento que no conoce de edades ni de tiempos. Como fenómeno, se muestra como un hecho que afecta a personas mayores vinculándolo a su situación física de estar viviendo solos. Se piensa que el mayor ha dejado de tener personas que tenía a su lado, que se ha ido quedando aislado, dejando de tener amigos o pareja porque han fallecido, o dejando de disfrutar de la compañía de otros por limitaciones físicas, pero personas de cualquier edad sienten la soledad en muchos momentos, desde un niño al que no invitan a un cumpleaños hasta un adulto que ve a su mejor amigo distanciarse por echarse una pareja, por ejemplo (se preguntará qué había de amistad, además, si ocurre eso).

Qué viene antes, ¿qué nos hayan enseñado? ¿que si no se está en pareja, uno está solo, o que la manera de no estar solos es teniendo una pareja permanente?

Nadie estamos solos, vivimos en sociedad y estamos rodeados de personas, con las que nos relacionamos, pero cuando pensamos en sentirnos solos lo que nos imaginamos es a una persona que vive en un piso sola. Aunque esté en una ciudad de cuatro millones de habitantes y pueda bajar a la calle y estar rodeada de gente, decimos que está sola porque no vive acompañada.

Hay parejas que pasan la tarde estando una leyendo en una habitación y otra viendo la tele en el salón y ambas cosas las hacen de forma independiente, las hacen solas. Él ve la tele en una sala y ella lee en otra sala. Pero aquí no hay soledad.

Se está hablando de la proximidad física a otro ser humano, considerando que la única forma de no estar solo es teniendo otra persona en tu casa. Y esto no tiene nada que ver con el sentimiento de la soledad. Uno se puede sentir solo en la puerta del Sol y uno se puede sentir solo teniendo pareja. Pero es educacional que pensemos que con pareja no nos vamos a sentir solos. No se nos enseña que no estar satisfechos en una relación ocurre frecuentemente, y no se nos enseña que cuando eso ocurre habría que dejar la relación, pero sentirse solo es el gran problema de esta sociedad y el hecho de sentirse solo estando en pareja es también un problema.

Es muy importante que tengamos relaciones sociales de calidad. No relaciones sociales simplemente. Porque somos individuos sociales y las relaciones de calidad nos enriquecerán, y no nos sentiremos solos. Pero no se puede pensar o creer que por tener pareja, por ese simple hecho, no nos vamos a sentir solos. Ni se debe pensar que por no tener pareja, nos encontramos solos. Aunque es así. Es lo aprendido. Y pasa igual con amigos que con pareja. Si las relaciones no son de calidad nos pueden hacer sentir incluso más solos que si nos encontráramos en medio del desierto. «Más vale solo que mal acompañado», dice el refrán. ¿Y qué es mal acompañado? Mal acompañado estarás, si la compañía te hace sentir más solo que la soledad física.

Hablamos así de que alguien esta solo cuando no tiene pareja. No se sabe si está rodeado de amigos o primos o vecinos. Y no está solo si tiene pareja. A pesar de que a lo mejor está formando parte de una pareja que no se relaciona con nadie.

Y por eso cuando termina una relación, por mala que haya sido, uno sufre también por pensar que va a estar solo. Pero casi nadie está solo, tenemos hermanos, todos tenemos vecinos, tenemos amigos, incluso compañeros de trabajo, y aún, si no hubiera nada de esto, la mayoría podríamos recurrir a actividades sociales en grupo.

En un programa de cotilleos de la tele hablaban de que los famosos pasaban el verano solos o acompañados, pero en las imágenes todos iban acompañados, unos iban con amigos y otros iban con pareja. Se asocia la soledad a no tener pareja, claro es, pero esa es una asociación irreal. Más acompañada puede estar una viuda con sus amigas merendando de lo que ha estado junto a un marido con el cual la relación era nefasta desde hacía muchos años.

La plenitud mental, el equilibrio y la estabilidad plenos, la armonía y paz de cada uno son hitos que se logran trabajando uno consigo mismo, es decir, de forma individual, en un trabajo de cada ser. A lo largo de una vida vamos evolucionando y vamos formando y moldeando nuestros principios y el proyecto de vida de cada uno a lo largo de los años se va retocando y adaptando, y ello puede chocar con el hecho de tener pareja permanente, porque se está vinculado a otro ser cuya evolución también es cambiante y no necesariamente en la misma dirección.

Si supiéramos estar solos no habría mediocridad en las relaciones porque cada vez que algo no nos satisficiera le pondríamos fin de una forma natural.

No se promocionan corrientes como la de la meditación, que indaga en esa búsqueda de la individualidad y el equilibrio de cada uno y quizás es porque no interesa la extensión de la misma al conjunto de la sociedad.

La Iglesia ha estado siempre vinculada al Estado, cualquiera de las grandes religiones, y por supuesto el judaísmo, como ya se ha dicho, y se ha mantenido la idea del matrimonio porque esa figura es fundamental para mantener el sistema imperturbable, pero no hay un órgano o una institución que se ocupe de decirle a todo el mundo que hay que meditar a diario para sentirse mejor.

La meta del sistema no es acabar con el sufrimiento, el mundo de las pastillas y de los problemas mentales motivados por asuntos sociales. Si lo fuera, no se trataría de que todos hiciéramos lo mismo en esta materia de la forma de convivencia adulta.

¿Porque el sistema de residencias que se considera solo para los mayores no se establece para cualquier persona que viva sola?

El que vive solo, tiene en relación a esa situación un único problema: a veces se siente solo, se le cae la casa encima. El que vive acompañado, puede tener múltiples problemas derivados de ese estado de acompañamiento. Recuerda al principio de la novela tantas veces escuchado: todas las familias felices se parecen unas a otras; pero cada familia infeliz tiene un motivo especial para sentirse desgraciada.

Se sufre cuando uno quería seguir con la pareja y el otro ya no, o sea, uno seguiría enamorado, o sin ya estarlo, quería igualmente seguir al lado del otro, y tenía la expectativa de que eso duraría toda la vida.

Si desde pequeños nos cuentan que tendremos muchas parejas, que disfrutaremos con ellas, y que cuando el otro no te aporte más alegrías y satisfacciones dejarás de estar a su lado, y sin más acumulación de penalidades, volverás a ser libre para emparejarte con quien quieras, o para estar solo sin emparejamientos, no tendríamos el sentir que hay ahora, que provoca un gris que se extiende como una mancha en el mar, porque afecta a allegados, familiares...

Pocos dan la enhorabuena cuando una pareja comunica que se separa: hay que hacerlo, explicando que, para que una pareja llegue a esa decisión, normalmente han pasado meses e incluso años de su vida en una situación penosa para el alma.

Los niños ya son mayores, dicen algunos. Es decir, que lo mismo se ha retrasado la toma de la decisión 15 años, y lo mismo ya estaba decidido hace 15 años. Eso lleva también a pensar que a lo mejor los niños hubieran preferido ver a sus progenitores contentos y en calma, cada uno por su lado, pero de nuevo no les enseñamos eso.

Se puede hacer una comparativa del error de la permanencia con la práctica del deporte. A todos nos dicen que en la vida es mejor practicar deporte que no hacerlo. Bien hasta ahí. En la vida relacionarse a modo de pareja reporta alegrías. Ahora, nos dicen: 'Has de elegir un deporte. Solo uno'. Dirás: 'Caray, hay que elegir muy bien, y puede que me canse, no? A lo mejor en el futuro quiero practicar algún otro deporte'. 'No, eso no puede ser. Has de seguir practicando ese deporte, aunque ya estés cansado'. Te vas a cansar, y vas a tener lesiones, dolores, pereza, irritación finalmente de tener que practicar otra vez el mismo deporte. Si dices que lo quieres dejar, te vas a sentir como un fracasado. ¿Qué es eso de que te equivocaste eligiendo el deporte que querías practicar? ¿Con lo que te gustaba al principio? Gente te reprochará que dejes el deporte, gente dirá qué rápido te has ido a practicar un deporte nuevo...

Imaginad además que el deporte que nos han dicho que todos hemos de practicar es el alpinismo. ¡Qué ilusión! Un entorno de montañas, ríos, arboles, ascensiones para alcanzar vistas maravillosas. Ah, tanta plenitud y satisfacción es a cambio de lo siguiente: cargar peso, equipaciones, oscilación de temperaturas, lluvias, nieves, soles, calentar la cena en un hornillo con las manos heladas, no hay colchón, sino saco... Y resulta que es que a muchos nos gusta la pesca, correr, pasear, e incluso, a muchos no nos gusta hacer deporte.

Bueno, pues hemos aprendido que todos tenemos que ser alpinistas. Si no eres un buen alpinista, vas de flor en flor, eres un/

una viva la Virgen, y te vas a quedar solo, dirán (nunca será tu elección, algo ha fallado). Se oye hasta decir que quien no quiere tener hijos es egoísta.

Además, se espera que la relación de monogamia de por vida le llegue al individuo entre los 30 y los 40. Que además hay que tener descendencia. A partir de ahí, se produce la desconexión con la naturaleza de nuestra parte animal, o debería, para no tener problemas.

Nos hablan de perfiles inversores, por ejemplo, cuando nos cuentan que los bonos del Estado y los fondos son para las personas más conservadoras, cuando se trata de rentabilizar los ahorros. Y para quienes son más aventureros nos recomiendan tal vez invertir en Bolsa. También se nos divide de muchas otras formas, observando cómo unos somos extrovertidos y otros introvertidos, los almas de la fiesta, los callados, los más sociales y los solitarios... pero a todos se nos orienta para estar en pareja. No se piensa que a una persona le venga mejor estar sola que acompañada por su naturaleza, aunque para tantas otras cosas sí se hagan divisiones.

Si una persona tiene la necesidad, está dispuesta a perder su libertad de por vida, bien puede ser por el miedo a estar sola. Y eso es lo que debe ser tratado, es lo que hay que cambiar. Del individuo y del sentir colectivo. Hay que educar desde el nacimiento que no hay que estar acompañado de una persona determinada para no sentirse solo.

Combinar la soledad y el tiempo que pasamos con otros de buena manera nos daría una solución óptima. Aprender a estar con nosotros mismos, solos, es fundamental. No solo hacer deporte en solitario, o ir al cine sin compañía, si no también estar en casa leyendo una tarde, sin tener que salir porque se te caiga encima. Las relaciones serían de más calidad, porque si se logra estar a gusto solo, no quedaremos con quien no sintonizamos tan perfectamente, solo por no estar solos.

Gente que vive sola se tomaría una caña cada tarde y se subiría a su casa tan a gusto. Ahora, ¿cuándo tiene ese disfrute de la soledad casera el que convive? La persona que vive sola pasa la vida con más tranquilidad y armonía, simplemente porque pasa tiempo sin que nadie interrumpa su espacio de un tiempo en soledad. Porque días malos tenemos todos independientemente de nuestro estado civil o de nuestro estado de soltería. Personas en pareja tienen procesos depresivos como los tienen las personas que no tienen pareja.

Si pensamos en quién tiene una existencia más plena, pensamos en una existencia más alegre, tal vez, asociamos la idea a imágenes de gente disfrutando, solos practicando deporte o en grupo, nos viene la idea de gente tomando algo con amigos, de gente riéndose, agrupados... pero sin que tengan que ser solteros o casados. Es decir, no asociamos la plenitud al estado civil. ¿Y asociamos una vida estresante a uno u otro estado civil? No asociamos una vida estresante a alguien que no tiene pareja. Esa idea se asocia más fácilmente a alguien con pareja, y sobre todo con hijos. ¿Y una situación asfixiante? Definitivamente, a una persona en pareja que no quiere estar donde está.

Puede que quien no tenga pareja quisiera tenerla, pero quien la tiene y no se encuentra a gusto tiene opción de hacer algo al respecto.

El problema del sentimiento que provoca la soledad se da en las grandes urbes, paradójicamente. En los pueblos, con menos habitantes, están acostumbrados a realizar tareas en solitario, sin gente alrededor, tal vez. Cuando en verano, por ejemplo, los de las grandes ciudades nos desplazamos a localidades más pequeñas, sus locales encuentran que está todo hasta arriba. En las ciudades podemos pasear sin ir con nadie, solos, pero siempre estamos rodeados de desconocidos, y quizás el día que no hay un alma por la calle, sentimos esa soledad física de forma más notoria. Ocurre también, que las personas mayores en un pueblo pequeño podrán pasear al centro social, y las amistades están más próximas que en la gran ciudad. Esto lleva a considerar que habría que hacer vida social de barrio, vecinal, como se promueve ahora el comprar en la tienda del barrio. Tal vez dos solteros, vecinos desconocidos, gustarían de bajar a tomar algo al bar de la esquina, y por estar solos no lo hacen, pues sus colegas no viven próximos y si encontrarse implica tener que usar el coche, o el transporte público, se desiste de la idea. Tal vez habría que decir, cuando vemos a un vecino con su cerveza: ¿te importa que me siente? Al fin y al cabo, cuando caminamos por la montaña, nos paramos a menudo a charlar con otros senderistas, y de hecho, todos nos saludamos. En el barrio, no saludamos a vecinos con quien nos cruzamos casi cada día.

Otra cuestión de la que se habla mucho en nuestro mundo occidental es de la vida sexual de cada uno, y de cada pareja, y de si esta es satisfactoria o no. Se hacen encuestas, a ver quién es más infiel, si las mujeres o los hombres, o si los franceses o los italianos, o preguntan por el número de relaciones que se tienen, con qué frecuencia, si son o no de calidad, si disfrutan de una vida sexual más activa los solteros o los casados, si importan o no los tamaños, a qué edad se pierde la virginidad, si la menopausia conlleva una falta de interés por el asunto, cuántas relaciones se aguantan en una noche, cuánto tarda uno o una en recuperarse, qué se hace, qué se deja de hacer... Bueno, un sinfín de cuestiones, cuyas respuestas además son de dudosa fiabilidad. ¿Tienen tanta importancia estas cuestiones? ¿O tienen tanta importancia en una relación de pareja en la fase de enamoramiento? ¿Puede ser que todo esto no tenga ninguna importancia, pero a base de preguntar por ello, de hablar de ello, de escribir y leer y oír sobre ello, le estemos dando importancia? Esta es la pata básica de una relación de pareja. La relación sexual. En una relación en la que los dos están enamorados, todo irá muy bien, y si hay alguna pega, como se está enamorado y uno atiende a todo lo que dice el otro, se solventará lo que sea.

Ahora, para el resto del mundo, hay una expectativa creada sobre lo bien que han de ir las cosas también en esta materia.

Mujeres y hombres, que llevan tiempo sin pareja, pensarán que llevan ya mucho sin mantener relaciones, cuando llevan meses o incluso años sin acostarse con nadie. ¿Pero es realmente mucho? ¿O es lo que el sentir colectivo nos lleva a pensar? ¿Es malo, o es natural? Porque cuando se dice siempre parece un disparate de tiempo. Puede que sea lo normal, y no es que a uno o una le vayan peor las cosas que a los demás. ¿Y los casados? Ahí el tema sí es un poco más complejo, porque si no se tienen relaciones, o la relación de amistad y el respeto es muy fuerte, o no tiene sentido la merma de la libertad que acarrea el estar juntos. Se puede pensar en todos los motivos que llevan a una pareja a no terminar la relación, pero es difícil encontrar sentido a una continuación, y de nuevo, habrá uno, si no los dos, que está viviendo con una pesada obligación. No tenemos relaciones de exclusividad con amistades.

De hecho, si tratamos de imaginar a personas que viven la vida en armonía y en paz, en la que todos deberíamos vivir, visualizaremos tal vez a monjes budistas. Como ocurre con la tenencia de pareja, las relaciones sexuales, si se tienen y son de calidad, fenómeno, pero si no se tienen, no pasa nada. Las anécdotas que relato en este ensayo son todas reales, de amistades o conocidos, y la siguiente es mía. He dejado de tener una relación, prácticamente solo sexual, y ya con el tiempo de cierta amistad, con un individuo, porque vivimos a una hora de distancia, y a los dos nos gusta dormir en nuestra casa. En los últimos tiempos, no he tenido más relación que esa, pero no compensa tener que desplazarnos, a ninguno de los dos. '¿Si voy nos liamos?', pregunta él. 'No lo sé...', contesto yo, solo porque lo ha preguntado. Y cada uno se queda tan ricamente en su casa. Somos amigos. No se discute. 'A mí me daría tanta pereza ir, que entiendo que te de a ti la misma venir', le digo.

No ha de ser motivo de preocupación, o de vergüenza, para una persona de veintitantos años, por ejemplo, ser virgen. Como igualmente no serlo. La realidad es que son muchos los adultos del mundo que no tienen una vida sexual activa, y no pasa nada.

Cuando se tienen citas de páginas de contactos de internet, cuántos son los que dicen que es muy difícil quedar... por hablar de los que buscan, y no hablar de los que nada buscan.

La única actividad sexual que tendría que preocuparnos es aquella en la que se ejerce una violencia: la de los abusadores, y pederastas, en el entorno familiar, en el entorno de la Iglesia y en cualquier entorno de abuso.

La Iglesia católica, con el voto de castidad exige a sus integrantes, monjas, sacerdotes y demás... la mayor exigencia contra natura. El instinto de reproducción está ahí para todos. No es que fueran a tener muchas relaciones porque se les permitiera. Como se viene diciendo, la realidad es que no hay tanta actividad sexual, a pesar de que el sentir es el de que el único que tiene poca actividad sexual es uno mismo, frente a todo lo que se oye. En la naturaleza muchos machos no se relacionarán con ninguna hembra y en nuestro mundo humano civilizado muchos machos no se relacionarían con una hembra si no es pagando, comprando la relación. Y en la naturaleza podrán darse relaciones con violencia pero se darán con la finalidad de la del mantenimiento de la especie, por el bien común, diríase, y se pasa por ello. El ejercicio de esta violencia en nuestra especie es el problema, y no si una persona corriente tiene o no relaciones sexuales. Eso no le puede pasar factura, porque piense que su actividad sexual no es normal.

Personas se inventan que han estado con otras personas solo para que no parezca que no han estado con nadie. Para que no se sepa la realidad, que es perfectamente normal y natural. Lo natural es que se mantienen relaciones en el momento en que las hembras están en celo, pero el resto del tiempo no pasa nada. Una amiga de cincuenta años me decía que por fin se ha encontrado cómoda diciéndole a su amante desde hace diez que es el único hombre con el que se ha acostado desde que le conoce.

El machismo moderno del que ya hemos hablado, y que tiene la semilla en el desprecio hacia la mujer, haciendo creer que la misma no vale para nada y sobre todo no para lo que hace el hombre, tiene un frente abierto ya no solo porque la mujer ocupe su rol en cuanto a sus funciones, sino porque si dejamos de depender de ellos, ellos van a perder a la pareja sexual permanente. A esa pareja que está en casa siempre.

Al principio decía que con el matrimonio toda mujer tiene hijos legalmente pero es que además todo hombre tiene sexo legalmente. Cuando la mujer deja de necesitar al hombre por motivos económicos va a dejar de querer estar al lado de uno y esto se pierde. Y vamos más lejos. Cuanto más penado este el ejercicio de la prostitución en el mundo, después ya de penar el proxenetismo, menos posibilidades van a tener los hombres de mantener relaciones, aun pagando.

Añadimos además que se va extendiendo el hecho de que las mujeres que desean ser madres lo hagan sin contar con pareja. Ahora mismo esa situación se da cuando una mujer alcanza una edad y se encuentra sin una pareja, con lo que recurre a ser 'madre soltera', digamos involuntariamente. Nótese que no se dice madre sola, sino madre 'no casada' (lo contrario a estar casada). Es decir que hubiera querido tener pareja.

Si la mujer sigue avanzando en asumir los mismos roles laborales que los hombres con la independencia que eso conlleva, va a llegar un momento en que habrá mujeres que recurran a ser 'madre solteras', no ya solo por no tener pareja, sino por no querer que haya un hombre relacionado con su descendiente. Ya hay mecanismos para que hombres y mujeres que quieren tener hijos pero no tienen pareja ni la quieren tener se pongan de acuerdo de manera que el padre puede dejar la custodia de forma permanente a la madre, o de otra forma, pero ver al niño cuando quiera y ocuparse económicamente de él.

Quizás estén los días contados para todas esas publicidades de colonias donde mujeres despampanantes seducen a machos alfa, o viceversa, todos perfectos, agresivos y pisando fuerte. Estereotipos de éxito sexual que nada tienen que ver con la realidad.

Estas y tantas publicidades que hacen que finalmente lo que es natural puede acabar por acomplejarnos o crearnos preocupaciones. Desde envejecer con manchas en la piel o simples patas de gallo que nos preocuparán si aparecen antes de la edad media a la que se espera que aparezcan, cualquiera que sea esta, hasta esas llamadas arañas que son mini varices que no suponen nada salvo un asunto estético, la delgadez en los hombres, el exceso de peso para todos y todas, el tamaño del pecho, el tamaño del pene, el del culo... Todo relacionado con una imagen, a su vez relacionada con un éxito sexual, que obviamente pasa por alcanzar o conseguir esa pareja sentimental... para siempre.

¿Tú con cuántos hombres te has acostado? ¿Y tú, con cuantas? El pasado de cada uno no tendría que tener ninguna importancia en las relaciones presentes. Pero claro que la tiene. Todo es motivo de juicio, y en lo concerniente al asunto sexual, más si cabe. Recordemos que la vida sexual puede acabar con carreras profesionales de políticos, actores, deportistas... Queda a un lado cómo de buenos o malos sean en sus actividades profesionales cuando irrumpe en el escenario un asunto sexual fuera del establecido.

Con un político cuando hay un escándalo de cuernos nos preguntamos cómo podremos confiar en él si ni siquiera su pareja podía confiar en él. Y quizá aquí lo que habría que preguntarse es cómo de honesta es una persona que mantiene una vida cuando querría tener otra o cómo de honesta es siendo capaz de vivir en un engaño, para uno mismo, no ya para con el otro. Pero si lo que hacemos es hablar de honestidad, entonces todos tendríamos que hacernos una autoevaluación sobre cómo es nuestra relación de pareja, y mientras nuestro caso no salga a la luz, quizás mejor nadie va a hablar de un término como ese, o de integridad o de valentía.

Una persona se va a casar y está poniendo los cuernos a la pareja. ¿Cuál de las dos cosas que hace es la que debe dejar de hacer? ¿Debe continuar con la boda y dejar la relación paralela que es con la que de verdad disfruta de la vida? ¿O debería quizás cancelar el compromiso y seguir disfrutando con la conciencia tranquila?

Importante de las relaciones sexuales es que haya la química sexual necesaria entre las partes. Ocurre como con las relaciones de pareja, lo que importa es la calidad, no la cantidad. ¿Para qué tenemos una pareja durante 10 años si la relación no es buena? Más vale una de un año fantástico. Si hiciéramos una encuesta preguntando cuál de las dos opciones se prefiere ganaría la segunda. Pero no por no tener eso hay que estar en relaciones largas de poca calidad y no por no tener eso hay que pensar que las cosas no han ido bien.

CAPÍTULO VIII

UNOS DICHOS Y EXPRESIONES

Rehacer la vida, una expresión que explícitamente lleva a indicar que la vida se hace en pareja. Estaba en pareja, rompió, encontró otra pareja, rehízo por tanto su vida o logró rehacer su vida, porque mientras no tuvo pareja, estuvo buscándola todo el tiempo, parece decirse.

La expresión de rehacer la vida se utiliza de forma que subyace que quien tuvo pareja, en tanto no tiene una nueva relación, está en una etapa no plena, en un valle, al final del cual parece que va a aparecer un arcoíris en el horizonte. Y mientras, la cosa es como gris. Nada es comparable a estar acompañado. No se piensa que a lo mejor uno no quiere volver a tener pareja, o en cualquier caso, no la anda buscando.

La sensación que desprende la expresión es que a la gente que no tiene pareja le falta algo y la vida parece incompleta y de nuevo, en la naturaleza, los mamíferos no necesitan ir de dos en dos a ningún lado, o solo a una cosa.

Sentar la cabeza, madurar... estas expresiones, igual de explícitamente, nos llevan también a pensar en que se habla de tener una pareja. Andábamos dando tumbos sin pareja, es decir, parece que éramos inestables, inmaduros... simplemente por el hecho de estar solos. No hablamos de sentar la cabeza cuando encontramos un trabajo estable. En ese caso, sería lo que queremos, y lo habríamos estado buscando, pero en el caso del emparejamiento, la idea es que uno por fin ha cambiado, y ha decidido que ahora sí sienta la cabeza. Siempre se quiere un trabajo estable, pero la pareja estable no siempre... sería a partir de un momento, que ya toca.

El grado de madurez de las personas es independiente de si tienen o no pareja, pues muchos son los adultos que, incluso siendo padres, no se ocupan adecuadamente de sí mismos, y casos extremos son los de aquellos que caen, por ejemplo, en situaciones como la del alcoholismo. Una dependencia dramática, como muchas, y lejos de juzgar, lo que se quiere decir es que inestabilidades y problemas son independientes, o no necesariamente asociados, al hecho de tener descendencia, o pareja. Pero de nuevo, hay una idea creada en torno a la madurez y al hecho de estar o no emparejados que subyace.

Quizás es más madura la persona que, cuando ve que una relación no le aporta alegría y plenitud, decide dejarla, que la persona que permanece vinculada a otra viendo que las cosas no son como quiere que sean. ¿Quién es más maduro, quién sabe estar solo, o quién no? Damos erróneamente al hecho de tener pareja estable una idea de estabilidad emocional del individuo, no ya de la pareja, de la vida de dos juntos.

Otra expresión o frase oída frecuentemente: Qué mala suerte tengo con los hombres. En las revistas del corazón, Fulanita tiene mala suerte... (de nuevo, machista, puesto que no se lee de los hombres famosos que tengan mala suerte, como si ellos sí eligieran). Se dice que se tiene mala suerte cuando las relaciones no son largas, pero no se habla de la calidad de las relaciones. Solo se miden por lo que duran. Luego, cuando alguna persona sale de una relación de muchos años, y dice que salvo los dos primeros (por ejemplo, y en este ensayo todos los casos a los que me remito son reales, y los totales fueron ocho) los demás no merecieron la pena, a menudo nos sorprende, porque nada se sabía de que las cosas no fueran lo que parecían. Porque las parejas siempre parece que están bien, o al menos, nadie pregunta. Es tabú preguntarle al miembro de una pareja cómo va la relación. Lo natural (o establecido) es preguntarle a un soltero o soltera que tal va de amores. ¿Y quién ha tenido más suerte, la persona que ha tenido varias relaciones cortas, o la que ha tenido una sola relación de treinta años? No se sabe. A lo mejor la que ha estado treinta años ha encontrado el compañero de su vida, como al que le toca el Euromillón, pero de no ser así, quizás han vivido mejor los que tuvieron variadas relaciones, con tiempos de soltería entre unas y otras. El caso es que, de nuevo, tenemos interiorizado que es mejor estar mucho con la misma persona, sin entrar a considerar otros elementos.

El 'vividor' (y la vividora, a la que llamamos por otros nombres más despectivos, y se cuela el machismo otra vez) es un individuo de vida envidiable, pues hablamos de un tipo que vive como quiere, sin ataduras. Damos una connotación negativa al término, no vayamos a que se contagien muchos. Quizás la vida sería más divertida si nos rodeáramos de vividores, alegres, atractivos, seguros de sí mismos... que no se vinculan en particular con ninguna pareja, pero eso sí, que nos hacen pasar momentos divertidos (no solo sexuales, ojo). De esos que no te dicen que quieren estar contigo. No te crean falsas ilusiones, no mienten. Si acaso, se crea ilusiones quien disfruta de su tiempo con estos hombres y mujeres independientes. No manipulan, porque no quieren controlar a nadie.

'Te han cazado', expresión machista que deja claro cómo la presa va derechita a la jaula, voluntariamente, eso sí.

Expresiones como *'carpe diem'*, 'a vivir que son dos días', nos las repetimos una y otra vez, para animarnos a hacer cosas nuevas, probar, descubrir... en definitiva, para movernos a mejorar, a tener nuevas experiencias, para colmar inquietudes que nos hagan tener vivencias satisfactorias, pues todo es cambiante, ¿o no? Eso también nos lo han enseñado: nada permanece. Chocan con la idea de la permanencia en pareja. En esto, no se puede cambiar. Para la permanencia en pareja, encaja más lo de aguantar. ¿Por qué hemos de aguantar? ¿Por qué si para la vida, tratamos de ir a mejor, cambiando tantas cosas, como de trabajo, de residencia, de ciudad, de afición... para el asunto de la pareja, no hay cambio que valga? No hay que lamentar que alguien quiera dejar una relación, es un hecho natural. Escapa a nuestro control, además, dejar de estar enamorados de una persona, y tener que permanecer es contra natura.

'Aprovecha ahora que puedes', que luego las obligaciones que te habrás autoimpuesto limitarán tus movimientos.

Y los chistes sobre el matrimonio, fiel reflejo de la realidad, y con los que nos reímos tanto (quizás más los solteros), son numerosos, y he aquí unos cuantos:

—Padre, ¿Estoy poseído? Oigo voces dándome órdenes todo el tiempo.

—¡No hijo, estas casado!

***

—¿Tú te volverías a casar con el Jose?

—Clarooooo, ¡que se joda!

***

—¿Te casaste?! ¿Como te va?!

—No me puedo quejar...

—¿Te va bien entonces?

—No, no... no me puedo quejar que tiene un oído...

***

—Han matado al cura que nos casó.

—En esta vida todo se paga.

***

—¡¡Qué felices éramos hace 15 años!!

—¡Pero si no nos conocíamos!

—¡Por eso!

***

Hombre viendo la TV grita: «¡¡¡¡Imbecil!!!! ¡¡No lo hagas!!».

Mujer pregunta desde el pasillo: «¿Qué ves?».

Hombre: El video de nuestra boda.

***

—¿Sabes qué es lo bueno de estar contigo?

—Dime, amor.

—No, no lo sé. Por eso te pregunto.

***

Médico le dice al esposo: No me gusta el aspecto de su mujer.

Esposo: A mí tampoco, pero su familia es rica.

***

Una muestra también de citas de famosos. Gente de valía en sus campos, ingeniosa, inteligente, tan respetable y tan seguida, hace en ocasiones manifestaciones, sobre este y tantos temas, que debieran hacernos reflexionar. ¿No tenemos en cuenta sus opiniones, no escuchamos? Solemos no escuchar consejos cuando nos vienen de un amigo, de un familiar, hasta nos ofenden con sus avisos, porque desde fuera se ven a menudo los futuros fracasos de forma clara. Pero cuando no vienen del entorno, bien deberían dar que pensar.

«Para un buen matrimonio hay que enamorarse muchas veces, siempre de la misma persona».

Mignon McLaughlin

«La felicidad en el matrimonio depende enteramente de la suerte».

Jane Austen

«Todos deben casarse; no es lícito sustraerse egoístamente a una calamidad general».

Moritz Gottlieb Saphir

«No es la falta de amor sino la falta de amistad lo que hace infelices a los matrimonios».

Friedrich Nietzsche

«El secreto de un matrimonio feliz sigue siendo un secreto».

Henry Youngman

«El matrimonio es como el vino. No se juzga adecuadamente hasta el segundo vaso».

Douglas William Jerrold

«Solo hay una forma de tener un matrimonio feliz y tan pronto como sepa cuál es, me casaré nuevamente».

Clint Eastwood

«Se necesitan dos para que un matrimonio sea un éxito y solo uno para que sea un fracaso».

Herbert Samuel

«El matrimonio es una barca que lleva a dos personas por un mar tormentoso; si uno de los dos hace algún movimiento brusco, la barca se hunde».

León Tolstoi

«Mi consejo es que te cases: si encuentras una buena esposa serás feliz, si no, te harás filósofo».

Sócrates

«No quiso la lengua castellana que de casado a cansado hubiese más de una letra de diferencia».

Lope de Vega

«Casarse por segunda vez es el triunfo de la esperanza sobre la experiencia».

Samuel Johnson

«El amor es una cosa ideal; el matrimonio, una cosa real; la confusión de lo real con lo ideal jamás queda impune».

Johann W. Goethe

«Los solteros saben más acerca de las mujeres que los casados; si no fuese así, ellos también lo estarían».

Henry-Louis Mencken

«Se llama matrimonio de conveniencia a un matrimonio de personas que no se convienen en absoluto».

Oscar Wilde

«Si realmente el período de noviazgo es el más bello de todos, ¿por qué se casan los hombres?».

Soren Aabye Kierkegaard

«Cuando podía haber tomado esposa, no pude soportar a ninguna; y cuando pude soportar a alguna, ya no necesitaba a ninguna».

Emmanuel Kant

«El divorcio probablemente se remonta a la misma época que el matrimonio. Yo creo, sin embargo, que el matrimonio es algunas semanas más antiguo».

Voltaire

«La primera causa de divorcio es el matrimonio».

Groucho Marx

Al igual que ocurre con los chistes, las citas y las expresiones no terminan. Pero hasta ahora, cosas así dichas, quedan ahí, y de nuevo sale a flote otra expresión: 'los trapos sucios se lavan en casa'.

Nadie hasta hace poco podía expresar cómo se sentía de forma abierta, con lo que la angustia de estar mal acompañado se pasaba en solitario. Aún, si se podía compartir con una persona de confianza el asunto, esta diría que así son las cosas, y que hay que aguantar, sin opción alguna. Solo las más valientes y con recursos para poder hacerlo, darían el paso de separarse y terminar con la convivencia.

Ahora no, ahora los trapos sucios se airean, y es positivo. Con este asunto y con tantos otros. Personajes públicos hablan de tantos temas que antes se ocultaban: hablan de la enfermedad de un hijo, hablan de las relaciones rotas con un hermano o con un padre, cuentan intimidades, situaciones a veces de mucha gravedad, e igualmente, cuentan por qué un compromiso de matrimonio se ha roto, o qué había detrás de un matrimonio de muchos años, donde, aparentemente, no ocurría nada particularmente malo.

Y también ahora, me he encontrado en conversaciones donde estando ambos miembros de una pareja de casados, uno de ellos manifiesta abiertamente que, si su matrimonio terminara por lo que fuera, tiene claro que no repite. Unas veces la pareja también continua la conversación diciendo lo mismo, que tampoco repetiría. Luego se van a casa juntos, y cabe preguntarse si continuarán la tarde o la noche como si nada, porque expresan su descontento con la situación como si hablaran del plato decepcionante que han pedido para cenar en un restaurante. 'Mi vida es mejor contigo', romántica frase donde las haya. La situación descrita lleva a tener que pensar en varias variantes: 'mi vida sería mejor sin ti'. O simplemente: 'mi vida ya no es mejor contigo'.

Este hecho de que personajes públicos den publicidad a una enfermedad, por ejemplo, tiene el efecto de dar visibilidad, con lo que se normaliza la situación, pero además, ocurre que quienes se encuentran en similar situación pueden sentir que no están solos, una sensación de «situaciones duras tenemos todos».

Y cuando se trata de situaciones de pareja maltrechas, todo es un elemento adicional para llevar a tomar la decisión de acabar con la relación, porque quizás en el entorno animan a uno o una a permanecer aguantando, y fuera de ese entorno, las opciones que se aceptan son otras más esperanzadoras. Oí a la mujer de un famoso decir: «Estos veinte años han sido buenos, y cuando las cosas han cambiado, no tiene sentido seguir juntos, por lo que ahora seremos solo amigos». Nos hará pensar que, efectivamente, si algo ya no es bueno, no tiene sentido mantenerlo. Y pensaremos también en cuánta gente lo escuchará, como cuando oímos a alguien en la tele, o leemos en una entrevista: 'yo logré dejar el alcohol', o las drogas.

Conocemos también muchos amores imposibles que vivieron personajes públicos y por los que sufrieron grandemente. Vincularon la idea del amor y del enamoramiento a un hombre o una mujer determinados, y no se desengancharon. María Callas, siempre loca de amor por el armador griego, para ver cómo aparece la viuda de Kennedy, y lo que no ha hecho él por la griega en años, lo hace por la otra sin dudar.

Hay casos sonados más recientes, y vienen a colación también los que se tratan en documentales como el de la Casa Real británica con motivo del fallecimiento de la reina: en el episodio dedicado a cómo el príncipe Carlos decide casarse con Diana, sabía todo el mundo, trabajadores, amigos... que él en realidad no quería a Diana (que también lo sabía, y no pudo o quiso pararlo, aunque lo consideró). Dicen en él cuando le preguntan si está enamorado de Diana que sí que lo está, con lo que ello signifique. Un Estado organiza una boda colosal sabiendo que es una mentira el matrimonio que se contrae.

Siguiendo con la realeza y viendo también el documental retrospectivo de la infanta Cristina e Iñaki Urdangarín, él dice que lo que le gusta de ella es algo así como la importancia de su persona, cuando le preguntan que qué es lo que le ha enamorado. ¿No es acaso una estafa? ¿Nadie avisa? Ella está obnubilada, pero los demás, no. Aun estando enamorada, una persona muchas veces, o todas, ante según qué detalles, ve lo que ven los demás, aunque no se quiera parar a pensar.

En una ocasión conocí el caso de una prometida que estaba disgustada porque tenían que operar a su prometido (millonario) del corazón y eso cambiaba las fechas de la boda. Te pueden decir que no te metas en la vida de los demás según para qué cosas... pero, ¿no hay que avisar? ¿No avisamos a una persona en el metro si un carterista está sustrayéndole algo del bolsillo? ¿No nos avisan de todas las estafas posibles por TV, internet, aplicaciones bancarias...? Cuando de relaciones hablamos parece tabú avisar. Porque desde fuera se ven las cosas claras y el enamorado no ve (o prefiere ignorar, como decíamos) pero parece que ponerle sobre aviso es meternos donde no nos llaman.

La música moderna, contada desde la década de los años cincuenta del siglo pasado, coincidiendo con el amor romántico como causa del matrimonio, es un medio de expresión que ha normalizado de forma universal el sufrimiento por amor. Se idealiza a la persona, y la existencia no tiene sentido sin ella. Uno pasa la vida soñando con estar al lado de ese amor, mientras aquella pasa, claro. Son amores no correspondidos por los que hay que luchar hasta el fin de los días, parecen decirnos. También están esas otras letras en las que quien ha maltratado se ha dado cuenta, y está ahora arrepentido o arrepentida, también después de mucho tiempo. Las hay en las que sí se ha consumado el amor, pero el dolor que conlleva es insoportable. En fin, en todas se pasa fatal, y el tema es tratado en boleros, pop, rancheras, rock... no importa el género musical, y no hay grupo, solista o banda musical que lo excluya de su repertorio. El amor está en el aire y el sufrimiento por amor también.

Ocurre igualmente con las películas, pues raro es encontrar filmes en los que no se toque el asunto sentimental, independientemente del género cinematográfico.

Tal es la importancia del estatus de vinculación o no a otra persona de forma permanente en nuestras vidas, que debemos mostrarlo al prójimo. Y para mostrar ese vínculo a alguien de por vida, cristianos, judíos y musulmanes intercambian anillos en la celebración de sus matrimonios.

El anillo se utilizaba en la antigüedad para la celebración de contratos, y el hombre lo entregaría a la esposa para los asuntos de la casa. En el antiguo Egipto, el anillo lo llevaría la mujer, como símbolo de pertenencia al esposo. No es necesario sin embargo en la Iglesia cristiana, para la formalización del contrato, que se produzca el intercambio de anillos, pero es costumbre establecida para la celebración de las nupcias. La redondez del objeto simboliza el infinito, sin principio ni fin, como habría de ser el amor.

¿Acaso indicamos otras facetas o estados de nuestra persona a extraños como lo hacemos con el estado civil? ¿Por qué con eso sí? ¿Indicamos a terceros cuál es nuestro equipo de fútbol favorito? ¿Indicamos al resto de viajeros de un tren cuál es nuestra profesión con un distintivo? ¿Mostramos nuestro nivel de ingresos con una pulsera que nos identifique por rangos de sueldo, con colores? ¿Llevamos una chapa con el número de hijos? ¿Por qué hemos de dar a conocer a extraños nuestro estado civil? ¿Porque un casado que pasa a dejar de estarlo se llama separado o divorciado? ¿No podemos llamarlo soltero, sin mencionar que tuvo una relación oficial que terminó? ¿Porque hemos de saber más del pasado sentimental de esa persona que de cualquier soltero? Ha podido tener muchas relaciones que terminaron, pero las que no se oficializaron, no dejan rastro.

Muy posiblemente una pareja, o uno de sus miembros, en la idea de posesión, se ofenderá si ve que su marido o mujer se quita el anillo que indica que está desposado, o esposado. También importantísimo es el anillo de compromiso. Que solo lucen las mujeres, orgullosas de haber sido elegidas.

CAPÍTULO IX

EL CAMBIO DE PERSPECTIVAS. OPCIONES

La primera solución es no casarse. Eso hace que cuando la cosa se tuerce, se termina mucho antes que si se está casado. Para esto los derechos de los hijos tienen que ser exactamente los mismos, independientemente del estatus de los progenitores. La causa inicial de la herencia que llevó a la formación de matrimonios no es motivo ya para la celebración de los mismos. Ya tenemos medios para determinar quién es hijo de quién.

El hecho de que una pareja se case lleva normalmente acarreada la compra de una vivienda, pero cuando se divorcia, no se sigue el paso subsiguiente, que sería el de la venta del inmueble.

No se puede vincular la venta de una casa familiar, en la que ha vivido una pareja con sus hijos, al momento en que los hijos se emancipan. Cuando una pareja termina la relación, normalmente es el progenitor el que sale de la vivienda, y sus condiciones de vida en materia de alojamiento se ven drásticamente alteradas, no así la de la progenitora y los hijos. En cualquier caso, uno de ellos abandona el lugar. Muy posiblemente tendrá que buscar algo pequeño, mucho más pequeño a lo que venía acostumbrado, si no es que vuelve a la habitación en la que creció, y muy posiblemente tendrá que alejarse de su centro de vida, su trabajo, su barrio, porque a lo mejor un alquiler en el lugar en que venía residiendo no es asumible, por cuanto ha de pagar una pensión alimenticia, seguir con media hipoteca y pagar un alquiler.

Así, podemos encontrar a un progenitor viviendo en un estudio con una habitación donde se meten los niños cuando vienen, que vienen de habitaciones separadas quizás, y el problema es que esa situación, que debería ser lo más breve posible, puede dilatarse en el tiempo hasta que los niños salen de casa, pongamos con veintiséis, veintiocho o treinta años, no cuando cumplen la mayoría de edad.

Un padre que se separa con cuarenta y cinco años, cuando sus hijos tienen entre diez y quince, no podría tener un lugar donde vivir como el que ha tenido, hasta casi la edad de jubilarse, porque la casa familiar no se vende. Los niños son individuos fuertes, y en cualquier caso pueden asumir un cambio de residencia, con lo que habría que considerar generalizar el hecho de que una ruptura sentimental, o un cese de la convivencia de unos padres, ha de conllevar un cese de la residencia en el lugar habitual para todos, y no solo para uno, expulsado del lugar, mientras los demás integrantes siguen con su vida. Nueva vida, nueva casa.... para todos.

Sería interesante y necesario también cambiar la mentalidad respecto de las obligaciones de manutención que tienen aquellos que pierden la custodia y el nivel de vida de los niños. Uno mantendrá a los hijos acorde a su nivel de ingresos, pero debería a lo mejor pasar la manutención a un nivel similar al que puede desembolsar quien permanece con los hijos. Si quiere aportar más, puede aportar más voluntariamente, pero no por obligación. Pongamos que se separan dos personas con una abultada diferencia en sus ingresos. El que no mantiene la custodia, si es el de los ingresos elevados, tiene que aportar lo suficiente para que los niños no dejen de ir a un colegio privado, por ejemplo, al que nunca hubieran ido si sus dos progenitores hubieran tenido los ingresos del que menos ingresos genera. ¿Acaso no habría que cambiar a los hijos de colegio, antes que tener que soportar esa carga? El progenitor que marcha desembolsa una manutención que lleva inherente unos gastos de luz, agua, gas e internet para sus hijos, pero nadie ayuda a ese progenitor a pagar las nuevas facturas que soporta por ir a vivir a otro lugar. Todos habrán de abrocharse el cinturón, descendientes incluidos. ¿No ocurre acaso cuando en una familia un miembro va al paro? Todos se adaptan a la nueva situación. Y si un progenitor que vivía con holgura antes de separarse no tiene ya tanta holgura, y sus hijos siguen con su nivel de vida, probablemente no podrá ofrecer a un nuevo hijo las mismas condiciones económicas que a los anteriores. Es decir, hay que sistematizar que las rupturas conlleven dejar de vivir donde o como se venía haciendo para todos, y no solo para un individuo. Hay divorcios de personajes famosos en los que uno de los dos era un absoluto desconocido antes de emparejar con el personaje público, y tras la separación pasa a obtener una renta que jamás hubiera conocido. Se tendría que volver al nivel de vida anterior, seguir con la vida que se tenía, porque el otro no tiene porqué seguir pagando algo a alguien con quien ya no quiere compartir nada.

Detrás del matrimonio lo que se hace es un nexo económico irrompible y cuando se disuelve la pareja lo que queda es que donde la mayoría había adquirido un bien común con una capacidad económica acorde a esa unión, tiene ahora una partición de las fuentes económicas y ha de hacer frente al pago de otro bien (un alquiler, normalmente).

Debería considerarse por parte de la Banca, a la hora de conceder un préstamo hipotecario, si quien adquiere es una sola persona o dos, porque si se trata de una pareja, quizás los límites monetarios de concesión de préstamos deberían ser menores, para, caso (probable) de fracaso, no tener que estar donde no se quiere por motivos económicos. No debemos destinar más de un tercio de nuestros ingresos netos a la vivienda, se nos indica, y se cuida la Banca de no prestar más allá, no concediendo el préstamo si ve un riesgo de impago elevado. En el caso de la compra con dos titulares, un límite inferior daría más margen de maniobra cuando falle la asociación, esto es, se flexibilizaría el proceso de ruptura, o el componente económico no sería el fundamental para no romper una convivencia que ya no se desea.

Por otro lado, como se ha dicho al principio, una ratio mayor de adultos demandando vivienda de forma individual, y no por parejas, podría hacer variar la actual situación de los precios a los que se ofertan los inmuebles, pues si la demanda cuenta con la mitad del presupuesto, las leyes del mercado habrán de ajustar los valores de oferta.

El asunto que nos han enseñado de esta educación sentimental y de permanencia no entiende de niveles económicos y lógicamente los más desahogados no tienen problema para hacer frente a una separación y va a ser mucho más fácil ir adelante por no tener que considerar el aspecto económico, pero para la mayoría se añade al asunto sentimental, a una relación positiva terminada, el problema económico, tanto, que muchas veces no se llegan a separar físicamente.

La custodia compartida se está haciendo mucho más generalizada en estos tiempos, pero habría que añadir esa otra medida citada, y que se hiciera también frecuente, y es la de la venta del piso que venía siendo la vivienda del matrimonio, solo con que lo pidiera una de las partes.

Si el contrato no se cumple puede uno rescindirlo, pero más hubiera valido que no se celebrara, en tantos casos. Y si zanjar un contrato de este tipo no tuviera ninguna consecuencia no pasaría nada por celebrar contratos ilimitadamente, pero está claro que nos encontramos ante un instrumento cuyo fallo genera un problema social a título individual que es demasiado numeroso como para no considerarlo de forma colectiva.

Como el contrato del matrimonio se sigue celebrando, otra solución pasa por recomendar que se desista de la idea. No nos prohíben beber pero sí nos indican que lo hagamos con moderación porque es nuestra responsabilidad. Nos están avisando a nivel colectivo de que beber alcohol tiene consecuencias negativas, y es verdad que habrá personas a las que apenas les afecte la ingesta de alcohol, pero son las mínimas. La mayoría, con un determinado volumen de alcohol en el cuerpo no podemos conducir (ahí sí con prohibiciones) ni podemos hacer muchas otras cosas, con pérdida de facultades, llegando en casos extremos a caer en el alcoholismo, del que también se ocupan de forma colectiva los estados destinando presupuestos para políticas sociales de ayuda. E igual que no es lo mismo caer en el alcoholismo para una persona con un determinado nivel económico que para otra con un nivel menor, no es lo mismo afrontar un divorcio para una persona con un nivel económico determinado que para otra, obviamente. ¿No debería el Estado advertir de los problemas en que puede uno meterse por contraer matrimonio si luego este no llega a buen puerto?

La parte económica de la ruptura, con el asunto de la adquisición de un inmueble y el de las manutenciones ya es por si solo motivo de preocupación, tanto que puede que haya que seguir bajo el mismo techo, como se ha dicho. Y a este punto del sufrimiento económico, estrictamente monetario, se añade otro, y es el del sentimiento de la injusticia que para cada parte supone el pensar que da dinero de más o que recibe dinero de menos.

Y el sufrimiento sentimental que genera la ruptura matrimonial, ese que no atiende a dinero ni a niveles económicos, no es cuantificable, aunque quizás se podrían hacer estadísticas considerando todas aquellas visitas a psicólogos y a psiquiatras que están relacionadas con cuadros de ansiedad o con depresión o con desequilibrios o con nervios o insomnios o cualquiera de todas estas dolencias provocadas por motivo de desencuentros sentimentales (que ya no se ciñen únicamente a aquellos que llegaron a firmar el contrato de la unión). ¿Cuántos suicidios se producen al año por causas amorosas?

No deberíamos beber y nos avisan, no deberíamos apostar o jugar sin medida y nos avisan, no deberíamos mantener relaciones sexuales sin preservativo y nos avisan, todo ello por nuestro bien... Son políticas de prevención para evitar desastres en las vidas de los individuos, que además generan gastos sociales en los presupuestos de un Estado. Nos podrían avisar también con campañas publicitarias de las consecuencias negativas de la firma de este contrato del matrimonio. Porque también crea muchos problemas y sufrimiento, al fin y al cabo (si no está en muchas ocasiones detrás de esos otros padecimientos que tratan de evitarnos con consejos).

Alguien podría decir que ellos y ellas se han buscado solos el problema. Podríamos decir que el Estado no tiene por qué dar ayudas a las familias numerosas si ellos han elegido tener seis niños y luego no pueden afrontar la carga económica que ello supone, pero no lo hacemos (y de nuevo aquí nos desviaríamos al asunto de la familia tradicional y promocionada por Iglesia y Estado). No se cuestiona que se ayude a estas familias numerosas. Los deportistas podrían decir que quieren pagar menos cotización a la seguridad social que aquellos que no se cuidan y llegan a ser obesos, y sin embargo no ocurre. En un Estado de bienestar donde se ayuda a colectivos por motivos subjetivos, cuando ellos lo han elegido, se podría igualmente ayudar a colectivos que se ven en una situación no habiéndolo elegido (porque a los separados no se les espeta: ¿qué esperabas? A pesar de que las estadísticas claramente indican lo que cabía esperar).

De hecho, las ayudas a personas en situación desfavorecida llegan a madres o padres separados. Campañas podrían indicar 'no te cases, o cásate, pero recuerda que te puedes liar, pero bien... Las drogas también parecen divertidas al principio'. 'Estudios indican que el enamoramiento dura, a lo sumo, seis años. Piénsalo'.

Podría haber también sistemas de vivienda social destinada a este colectivo que se ve desplazado de su vivienda y que tiene que afrontar el pago de una nueva morada. Esta solución consistiría en la creación de residencias para divorciados, con zonas comunes de lavandería, salones sociales... y con habitaciones que incluso podrían ser compartidas por dos ex, alternando el tiempo de custodia compartida con sus hijos, de forma que el que no tuviera que estar con ellos ocupase la habitación de residencia y viceversa. Un formato de residencias de mayores en el que uno no está allí por razón de edad. Esto facilitaría que acabaran relaciones insatisfactorias y situaciones de convivencia nocivas.

Otro punto necesario es el del cambio en el entorno social en el que tomamos decisiones. El entorno es desfavorable para que se elijan opciones que no son la mayoritaria. Y si a día de hoy seguimos así en Europa, el asunto es mucho más crudo en cualquier otra región del mundo.

Hay dos aspectos en el individuo que pesan a la hora de tomar decisiones sobre la forma de convivencia o de relación: uno es el interno, que es particular, pero el otro es el general, el entorno.

A su vez el entorno puede ser más o menos duro, pero dependiendo de cómo un individuo es capaz de encajar la adversidad del entorno su existencia va a ser más o menos armoniosa y tranquila. En la parte de la naturaleza individual de cada uno cuentan factores clave como la inseguridad, la dependencia, el miedo a la soledad, la actitud... Hay un componente genético, y hay otro componente que se ve modulado por todo aquello que nos rodea desde que nacemos, y según sea nuestro entorno en los primeros años de vida, nuestra vida adulta va a depender más o menos de estos componentes.

Hay personas a las que les va a costar muy poco poner fin a una relación cuando ven que esta ha terminado, porque no tienen miedos, porque afrontan la situación con madurez y normalidad, no piensan que acabar con una relación tenga componentes dramáticos, pero hay personas que no van a aceptar el cambio en su vida con entereza (pueden tener miedo al cambio, pensar que solos no pueden, que ya nada tiene sentido...) y mucho de cómo afrontar la situación y en general las situaciones de la vida, o cómo sus pensamientos se orientan hacia ámbitos positivos o negativos, es en parte consecuencia de la influencia del entorno que les ha rodeado.

Así hay un grupo muy importante y numeroso de gente para la que el hecho de que los condicionantes para tomar una decisión sean adversos, (es decir, el entorno que digamos es general para todos, el sistema, independientemente de nuestro entorno particular), influye en que no tomen una decisión. Pero es que además, una vez tomada y terminada la relación, el entorno puede ser muy hostil también, con lo que hay que cambiar de dicho entorno.

¿Por qué no desde el principio, desde que nacemos lo que se generaliza es la idea de la individualidad? Hay que cambiar la mentalidad colectiva, hay que educar a los individuos en la idea de que la dicha, la vida plena y la armonía en la existencia parten del interior de cada uno, y que nada tienen que ver con la idea de 'encontrar' una persona en la vida. Hay que enseñar que si alguien no te respeta, hay que alejarse de esa persona, pero incluso aunque fuera un familiar, cualquiera, y por supuesto la pareja.

El entorno no debe permitirse juzgarte por terminar una relación duradera, no debe apenarse, no debe tratar de convencerte de que intentes seguir un poco más allá, no debe insinuar que no aguantas lo suficiente, no debe cargar a quien toma la decisión con el peso de creer que está haciendo algo erróneo, no deben darse situaciones que llevan a añadir dramatismo a la situación, pero nos han educado en este medio. Se presiona incluso cuando se sabía que la cosa no iba bien, y se presiona más aún cuando dejas a una 'excelente' persona. Hay que explicar que por excelente que sea la persona, uno puede querer seguir su camino solo, y probablemente, la persona de calidad humana que fue esa persona que se dejó como pareja, siga ahí y te acompañe en la vida con su amistad.

Este contexto es muy importante para la mayoría de la gente. Para los valientes y seguros, personas muy centradas, no es tan importante, porque van a tomar las riendas de su vida independientemente de lo que ocurra alrededor. Los valientes y las valientes, si tienen que plantarse se plantan y lo hacen en el momento adecuado, es decir, cuando ven que la relación ya no es lo que era y ven que no quieren estar ahí y van a dejar de estarlo. Actúan con determinación y probablemente no llevan la relación a confines donde reinan la absoluta falta de respeto, o la violencia verbal o física, porque antes han decidido que aquello bonito terminó.

Pero para los que no son tan valientes, eso no va a ocurrir en el momento y de la forma que debiera. La relación se ha ido al traste, deja de ser satisfactoria, pero no se atreven a dejarla. Les influye el entorno, y ahí se incluye el qué dirán, qué van a pensar las familias, qué va a ocurrir con los niños, cómo se va a ir este o esta de casa, se van a enterar todos... se va a permanecer en la situación mucho más allá de lo deseable. Los niños ven discusiones, la pareja no se puede ni ver, se acusan, discuten con grosería, borderías, faltas de respeto, cosas que jamás tendrían que ocurrir.

¿Cómo podemos llegar a que alguien con quien convivimos nos saque de quicio? Puede ser un proceso muy largo o muy corto, pero en cualquier caso es un proceso que en cuanto se comienza a detectar hay que parar y el problema es que muchas parejas siguen en el proceso mucho tiempo. Digamos que la mayoría se mantienen por las circunstancias económicas, pero muchas veces predominantemente sociales. Con lo que si queremos reducir el sufrimiento de muchos matrimonios prolongados hemos de cambiar el entorno. El entorno tiene que animar a terminar con situaciones estresantes, tiene que ayudar, sin recriminar, apoyar, estar ahí, restar importancia, entender que las parejas terminan, y que no es culpa de nadie, sino del hecho de que no estamos configurados para vivir en pareja de forma permanente.

Normalmente, además, una de las partes, a pesar del sufrimiento en el que se ve inmersa, no quiere dejar la relación, porque sigue enamorada, o por dependencia, y es el entorno quien tendría también el papel de animar a acabar con la dolencia, pues el enamorado difícilmente toma esa decisión, pero todo lo contrario, el entorno, de manera general, tenderá a animar a continuar y ver si pasa la crisis.

El entorno social debería ser carente de juicio y carente de crítica. Un entorno que en forma colectiva no tema la soledad (entendida como estado de soltería) lamentará que una relación satisfactoria termine (ojalá todos nos emparejáramos de por vida y fuéramos excelentes compañeros hasta la muerte) pero comprenderá que se termine cuando toca y no tratará de alargar relaciones negativas y nocivas. Tendríamos un entorno de apoyo y soporte. Nadie se sentiría rechazado socialmente por ser soltero, o separado. Todas las circunstancias se considerarían de igual forma y no cabría pensar en que alguien ha fracasado por la situación de convivencia o sentimental en que se encontrara.

Tienen que cambiar muchas cosas en un nuevo sistema en el que la forma de vida del adulto deje de ser, cuando hablamos de forma de convivencia, una estructura binaria en la que, o se vive en pareja, o se vive solo.

Estas son las dos formas mayoritariamente aceptadas de vida de un adulto una vez concluidos sus estudios y empezado su vida laboral, de forma que si se está sin pareja se entiende que se vive solo y si se está en pareja esta no va terminar sino cuando uno llega a convertirse en viudo o viuda. Porque la idea de compartir piso se asocia a estudiantes o trabajadores jóvenes o precarios, a personas de un rango de edad determinado, aunque eso no esté explícitamente establecido. Si nos dicen que alguien comparte piso pensamos en una persona joven. Si nos dicen que alguien vive solo podrá ser joven (y económicamente desahogado) o podrá ser ya de cualquier edad.

Y se pueden meter en la ecuación nuevas formas de vida que impliquen múltiples modelos. Dos amigos pueden decidir convivir juntos sin implicar que sean pareja. O dos hermanos o tres primos. Ahora mismo si nos dicen que dos amigos de 50 años del mismo sexo, o distinto, viven juntos, pensaremos que hay algo más que amistad. Nos sale solo. La famosa película de *Tres solteros y un biberón* que tiene como protagonistas a tres hombres que viven juntos y donde uno de ellos es piloto, es ficción y la encontramos muy graciosa, pero lo que pensamos es que un piloto no tiene ninguna necesidad de compartir piso, con lo que la historia se convierte en poco creíble. Pensamos que una persona que no necesita compartir piso, solo lo hará por amor. ¿Y si se quisiera compartir, a pesar de no necesitarlo?

Si ese fuera un modelo habitual y si nos encontráramos con una sociedad en la que un alto porcentaje de la población adulta viviera no solo, pero acompañado por otras personas que no necesariamente son pareja sexual, esto se normalizaría. Y de nuevo podría darse la misma situación que se da en la evolución de una pareja sexual, en cuanto a proceso y vida de la relación. Es decir, que podría haber momentos buenos, en los que la convivencia es buena, y un momento en el que alguien decidiera que se deja de convivir. Al no haber amor de por medio se considera que una ruptura de una relación de amistad entraña mucho menos sufrimiento. Vemos más natural que haya distanciamiento entre amigos. En una situación como esa no se genera la sensación traumática o de sufrimiento que genera el hecho de que se separe una pareja, pero la realidad es la misma: personas han querido estar juntas y pasar tiempo juntas y en un momento dado deciden coger caminos distintos.

Con la normalización de otros modelos de convivencia adulta, cuando esto estuviera normalizado, se daría la situación beneficiosa de que para personas que viven en pareja y están sufriendo en el tiempo más allá de lo necesario y cuyas relaciones podrían acabar antes, saber que uno no tiene por qué estar solo al terminar una convivencia en pareja y saber que económicamente también hay más modelos y ver que eso es normal y corriente, reduciría el sufrimiento de terminar una relación. De nuevo se alejaría la idea del sentimiento de soledad asociado a la tenencia de pareja sentimental. Podría recurrirse a una de esas residencias aparta-hotel para todas las edades.

Imaginemos que se normalizara que madres separadas decidieran convivir juntas. Se crearían situaciones de conciliación que podrían ser muy positivas. O una situación en la que una madre con hijos vive con una tía o un tío de los niños. Todas estas variantes rompen con ese modelo binario del emparejado/ solo: 'me he separado y me quedo solo'.

Porque como se ha dicho, ese es uno de los aspectos básicos del porqué muchas personas no se separan: el miedo a la soledad, con tanto peso en nuestra sociedad.

¿Cuánto éxito tuvieron en su momento series americanas como *Melrose Place* o *Friends*? En ellas, los vecinos solteros unas veces o emparejados otras, conviven en un espacio común a la vez que independiente unos de otros, o por parejas de amigos. No son tan jóvenes, y alguno de ellos está bien posicionado económicamente, pero viven en un estado de 'convivencia independiente'. Ahora bien, si ese tipo de convivencia estuviera extendido, muy probablemente mucha gente no consideraría emparejarse de por vida. En estas series, esta forma de vida parece idílica, como nos venden que es el emparejarse y casarse, y si bien también en la vida real se podrían dar situaciones indeseables, es seguro que uno de los vecinos-amigos se marcharía del complejo vecinal sin la problemática que supone terminar con un matrimonio. La situación de convivencia del adulto sería cambiante de forma dinámica. Otra serie de gran éxito con adultos y niños de por medio ha sido la de *Padres forzosos*, donde un cuñado y un amigo ayudan a un padre viudo con la crianza de los niños. Se podrán tener en estos modelos de convivencia tantos problemas como los que tiene una pareja en la que la relación positiva está terminada, pero no se tendrán más.

Siguiendo con la reeducación y la reestructuración mental colectiva que se tiene del sistema, hay que recordar que nadie necesita a nadie para vivir. Necesitamos agua, aire y alimento.

Nadie necesita tener descendencia para estar en armonía. Si se tiene, bien, el que la quiera tener, pero si no se tiene, se puede estar en esa misma situación de armonía y plenitud. Esta elección de tener o no descendencia sí es una elección del ser humano frente al resto de los animales. El resto de los animales comen, duermen y procrean sin pensar en el futuro ni hacer planes, sin voluntad, digamos. Afortunadamente (para el planeta) nosotros decidimos, primero, limitar el número de hijos y segundo, no tener hijos. Y estas elecciones son absolutamente decisiones individuales, o deberían serlo (sin entrar en políticas demográficas estatales). Uno no debería cambiar de opinión sobre esta materia por el hecho de conocer a una persona en concreto. Se quiere tener un hijo o no se quiere. Hay parejas que rompen porque uno de los dos no puede tener hijos y el otro quiere tener hijos. Es decir, no tiene que ver con lo duradera que sea una relación de pareja.

Pero de nuevo encontramos un elemento generador de tensión a nivel colectivo. Si una mujer dice que quiere tener hijos, nadie tratará de convencerla de lo contrario, pero si una mujer dice que no quiere ser madre, un comentario siguiente podrá ser del tipo: 'ya te llegará el instinto maternal'.

No se deberían tener hijos porque una de las partes de la pareja tenga claro que los quiere tener, si un individuo no lo quiere, pero puede haber muchos hombres que se dejen llevar por la voluntad de la mujer, y de nuevo por la presión del sistema, sobre todo si te has casado. Cada vez que una persona dice que está deseando tener nietos, puede estar generando presión a otra (hijo o hija).

Nos han contado que es mejor estar acompañado (así, sin condiciones) y nos han contado que es mejor estar acompañado siempre de la misma compañía. A los individuos esto no se nos dice tan explícitamente en los primeros años de la vida, esto es, cuando somos niños, pero ya desde el principio, hacemos a los pequeños indicaciones en este sentido.

A menudo, los padres de un niño que juega solo en el patio del colegio se preocupan por ello. Pero nadie se preocupa si ve a su niño en un grupo, aunque ya desde el jardín de infancia los niños pueden estar siendo crueles con otro, en grupo. Los niños que juegan solos en un jardín de infancia en el recreo generan preocupación en los adultos y sin embargo pueden estar encantados jugando solos. El niño no sabe nada de sistemas sociales, se ha puesto a jugar solo sin pensar, sin más problema, de forma natural. Está a sus cosas. Pero el adulto, pensando en el sistema adulto, piensa que algo no encaja.

Observé, trabajando en un centro social para menores, el caso de dos niños que siempre estaban juntos y decían ser amigos inseparables. Uno apabullaba al otro, que no era capaz de defenderse de forma tajante, y cuando se sentía agobiado, se quejaba sin mucho énfasis, y el que le acosaba se enfadaba con él, pues acostumbrado al trato, no entendía que el otro se molestara, y esto dejaba a la víctima aún más agobiada, pues su amigo inseparable se había enfadado con él. La amistad reina por su ausencia y la compañía no es buena. Desde el principio hay que enseñar a los individuos cómo han de ser las relaciones para alcanzar una vida social plena. Pensamos que va a ser más infeliz el que está solo, y preguntaremos al profesor, que no se sorprenderá de la pregunta. Hay un temor a la soledad, cuando a lo mejor es más infeliz un niño con más relaciones sociales.

Aquellos padres que eligen la asignatura de religión en el colegio, y que bautizaron a sus hijos, todo ello en la creencia de que es lo mejor para ellos, están orientando a sus hijos a una vida determinada en materia de compañía, puesto que la idea que tiene la religión de la familia es muy clara y concreta.

La asignatura de religión no debería ser impartida como lo es hoy en día, sino que tendría que enseñar a los niños, desde pequeños, que religiones hay muchas, y que somos libres de elegir ser cristianos protestantes, católicos, agnósticos, musulmanes, budistas, ateos o creyentes en la energía universal y en la luz interior. De nuevo, variadas opciones frente a la predominancia de una de ellas.

Se enseñaría, cuando tocara la parte dedicada al budismo, que uno ha de buscar en su interior cómo alcanzar una vida plena, y que ello tiene poco que ver con lo que le rodea, además de con el hecho de estar solo o acompañado (reiterando en el sentido de la pareja, sociales somos). Independientemente de lo que sea cierto, o de lo que a cada uno venga bien, uno ha de conocer todo lo posible y contar solo la parte que interesa a la religión mayoritaria del país es un error del sistema.

Hay múltiples asociaciones que se ocupan de personas que están solas, al objeto de darles compañía, si bien no todos los adultos que están solos necesitan o quieren compañía. Cuando se trata de acompañar a niños, sin embargo, los que están enfermos en hospitales, por ejemplo, se establecen turnos de voluntarios para que los pequeños no se encuentren solos. Los hay muy pequeños, que no hablan, y no deciden, pero ¿se les pregunta a los que sí pueden decidir si prefieren o no tener compañía? Si no fuera así, de nuevo estaríamos dando por hecho que un individuo prefiere estar acompañado a estar solo.

¿Qué pasaría si desde el principio nos dijeran que es tan bueno estar solo como acompañado, solo si la compañía lo merece, y que además, si deja de merecer la pena, es mejor dejar de estarlo? Somos seres sociales, pero no por eso hemos de vivir situaciones que cercenen nuestra armonía y tranquilidad. Toda relación social ha de ser de calidad.

Desde niños, aun siendo una fase en la que no se cuenta con factores sexuales, iríamos aprendiendo, para la madurez, que hay opciones variadas para relacionarse, que no predomina una sobre las demás, que no es mejor una que otra, que no se fracasa en nada por no elegir la opción mayoritaria, por cambiar, que no por no optar por la opción predominante (que dejaría además de serlo) se es raro.

No nos enseñan por otro lado a decir NO. Podemos vernos metidos en algo que no queremos, pero como no hemos aprendido a decir que no, nos quedamos, aún incómodos, o forzados. Hay que construir una nueva estructura social de forma que alterar las situaciones no suponga una grave modificación vital, ni un conflicto interno.

Las nuevas generaciones han de nacer en un entorno en el que no exista esta estructura por la que hay una normalidad tan inflexible en cuanto a la forma de vida, en cuanto a forma de convivir se refiere. Y hay que estar en esa normalidad, y salirse de la misma supone un fracaso o no llegar ni a estar en ella supone un fracaso.

Debería haber una asignatura en la que nos enseñaran a decir no, y con ello, nos enseñarían a no hacer lo que no queremos, y dejaríamos de aguantar lo que no queremos aguantar. Aguantar se ha convertido con el tiempo en algo que parece que logran unos pocos, con una connotación positiva. Y no tiene nada de positivo. Se asocia no aguantar a ser un flojo, o una floja, y normalmente, una floja ('hoy en día no se aguanta nada', dicen). Porque cuando se habla de aguantar, hasta tiempos muy recientes, es siempre una mujer quien lo hace. A un hombre no se le dice que aguante en un matrimonio, porque, bien es verdad, que por un lado, por razones de orgullo y dignidad, no dirán que una mujer les está maltratando psicológicamente, con lo que nadie les contestará: 'aguanta, hombre, que es una racha'. Maltrato psicológico se sufre en ambos sexos, claro es.

Si nos enseñan a no aguantar, y más a nosotras que a ellos, el beneficio es para todos, porque aguantar no tiene nada positivo. ¿Qué se consigue aguantando en una relación? ¿Que esta se alargue? ¿Con qué fin, si se está sufriendo? Y sufrirá uno más que el otro, pero no hay duda de que las consecuencias de una vida en pareja en crisis las sufren todas las partes.

Aguantar está bien si lo que una o uno quiere es llegar a la cima de las más altas cumbres del mundo, o simplemente quiere lograr correr media hora cuando nunca lo ha conseguido y es una meta, porque lograr algo anhelado es positivo y el esfuerzo merece la pena. Es decir, aguantar compensa cuando el beneficio que se quiere obtener supone una satisfacción que compensa el sufrimiento. Pero eso no tiene que ver con aguantar situaciones donde no hay meta que alcanzar. ¿Aguantamos una falta de respeto, y esperamos a cambio que quien nos ha faltado al respeto caiga mañana rendido a nuestros pies? En absoluto. En las relaciones maltrechas se aguanta sin más fin que el de lograr aguantar.

El componente educacional del cambio es fundamental. Hay que enseñar desde muy pequeños a los niños que no hay que permitir que a uno le falten al respeto, y que si se observa tal cosa, habrá de dejar de ser amigos, o habrá que tratar de relacionarse con más niños en el cole, o habrá que decir a quien ha faltado al respeto que eso no ha estado bien. Hay que tomar medidas, tomar decisiones sobre qué hacer para que eso no vuelva a ocurrir, porque una continuidad en ese proceso derivará en muchos casos en trasladar una sumisión y una aceptación de lo que no hay que tolerar a la vida adulta.

La pasividad de las directivas de algunos colegios ante casos de bulling es llamativa. Alegan en ocasiones que los actos se han producido fuera de los límites del colegio. Quieren no actuar, dejan que unos individuos, menores, agredan a otro sabiendo cuál es la situación. Y nos están diciendo a los adultos que con el maltrato, hay que tener tolerancia cero. ¿Nos lo dicen solo a quien puede estar siendo maltratado, o al conjunto de la sociedad? En cualquier caso, ¿qué conclusión puede sacar un menor maltratado si ve como los adultos toleran que sea maltratado? Si un menor cree que se las tiene que apañar solo en una experiencia a la que no debería tener que enfrentarse nunca, muy probablemente le va a pasar factura en la vida adulta. Y esto tiene que ver con individuos y sus relaciones de toda índole, y no solo las de pareja. El denominado chivato no es tal cuando se trata de asuntos graves. Pero si uno es llamado chivato, cobarde y gallina, puede que erróneamente opte por callar.

Eso ocurre fuera de casa, pero también dentro. El trato ha de ser uniforme para todos los hermanos, sean niñas o niños, o sean todos del mismo sexo. Son muchas las cosas que han de corregirse para que los adultos sean individuos seguros y con una autoestima que les reporte tranquilidad y armonía, que les lleve a tomar correctas decisiones y sepan alejarse de aquello que no les beneficia. No se puede comparar a los hijos, no se puede mostrar que uno es más o menos inteligente o listo que otro. No se puede exigir más a uno que a otro. Hay que tener muy en cuenta que cada niño es un individuo, y que todos somos diferentes, aunque unos se parezcan más a un progenitor o al otro, no solo físicamente. Los niños han de sentirse queridos y valorados. Si quien más les tiene que querer les enseña que quererles es no escucharles, gritarles, compararles, pegarles, hablarles mal o tantas otras cosas, de mayores, cualquiera va a aparecer diciéndoles que les quiere, aunque no les trate bien, y será lo normal.

Todo lo que le ocurre a un niño va a condicionar su forma de relacionarse en la madurez, y el niño y niña que aprende a poner límites de lo que se acepta y lo que no tendrá una vida adulta mucho más equilibrada y con relaciones más ricas.

Siguiendo con las soluciones, y volviendo a la estafa, que la Real Academia Española define como el delito consistente en provocar un perjuicio patrimonial a alguien mediante engaño y con ánimo de lucro, se nos vienen a la cabeza claros ejemplos de parejas en los que una de las partes contrajo matrimonio profundamente enamorada y la otra en absoluto enamorada.

Se estafa a individuos adultos en pleno uso de sus facultades continuamente. Han sido engañados y la ley persigue las estafas. Nos avisan en los medios, la policía, numerosos agentes sociales, de las estafas del momento. A los enamorados que se casan y de los que la otra parte se aprovecha, nadie les ampara. Calzonazos es de lo que más podemos llamar a muchísimos hombres a los que vemos cómo desvalijan económica y emocionalmente.

Si se casaron enamorados, ¿estaban en pleno uso de sus facultades? Porque la ciencia nos enseña que el enamoramiento causa una serie de reacciones en el cerebro que hace que veamos la realidad de la otra persona distorsionada, todo virtudes sin defectos, y crea una adicción que supone episodios de ansiedad como los que se producen en el caso de la drogadicción, cuando el enamorado es dejado. Habría que normalizar las denuncias por estafa con ocasión del contrato del matrimonio.

Matrimonios como el de Carlos de Inglaterra y Diana de Gales, donde hasta ella, enamorada, y todo el de alrededor, sabía de la existencia de la relación de su prometido con una tercera, no tendrían ni que celebrarse. A él le tocaba ya contraer matrimonio, porque el sistema no permite que un príncipe no se case. El del príncipe de Mónaco podría ser un caso similar. Y el de Cristina de Borbón con Urdangarín. El día que le preguntaron a él, con numerosos medios de comunicación presentes, qué le había enamorado de ella, y contestó que era la importancia de su persona y lo que representaba, una cosa así, todo el que lo oyó debería haber dicho: 'menudo aprovechado'. Ella estaba loca de amor, pero todos en su entorno prefirieron que se celebrara el matrimonio.

Al igual que debiera haber residencias para adultos de cualquier edad, que vivieran solos, podría haberlas para familias monoparentales, donde el apoyo y protección, por la forma de convivencia, sería excelente. Más allá de dos o más madres que decidieran convivir, como ya se ha citado. No se consideran estas formas de residencia si no es para una determinada edad, y ello es erróneo. Igualmente, los sistemas de llamada a servicios de emergencias para quien vive solo están concebidos para personas mayores, pero ¿no podrían interesar a adultos de cualquier edad?

Los vecinos son otro elemento clave de la convivencia, pero se trata de un colectivo olvidado. Son las personas más próximas a nosotros la mayor parte del día, mucho más que la mayoría de familiares y amigos. Si una persona sola tiene una emergencia en su casa y necesita ayuda rápida, con quien tendría que poder contar es con alguien que está ahí, al otro lado de la puerta. Sin embargo, en la mayoría de los casos, apenas nos relacionamos con nuestros vecinos. Poco sabemos de ellos, de sus vidas, de sus hábitos y costumbres. ¿No conocemos aspectos de muchos compañeros de trabajo, ajenos al mismo? Incluso, podemos llegar a tener grandes amistades surgidas del ambiente laboral, con el paso del tiempo, que inicialmente no fueron más que el desconocido que se situaba en la mesa de al lado cada mañana.

Imaginemos que fuera normal que se pidiera ayuda a los vecinos de una forma cotidiana. Imaginemos que eso estuviera institucionalizado de tal forma que supiéramos que confiamos en una relación vecinal tan extendida como la familiar. Si nos relacionamos a nivel vecinal, podemos encontrar grandes satisfacciones. No seremos amigos de todos nuestros vecinos, como ocurre en el trabajo, pero puede que sí de alguno. Además, no necesitamos que los vecinos sean grandes amigos para muchas cosas: por ejemplo, para recibir un paquete, o para que alguno te trajera algo del súper, si olvidaste comprarlo y sabes que en ese momento el otro va a bajar a la compra. Puede resultar que tenemos que salir de repente, y a la vecina de encima no le importa bajarse a tu casa para estar con tus niños, que a lo mejor no necesitan nada más que no estar solos, y ella puede hacer lo que hacía en su casa, en la tuya. O una persona dejaría que los niños del vecino pasaran a jugar con los suyos el rato que hiciera falta. Habría un funcionamiento tribal. ¿Cuántas veces, sobre todo los que vivimos en grandes urbes, no quedamos con amigos por la distancia que nos separa? ¿No bajaríamos a lo mejor a tomar algo a un bar, por el gusto de socializar un rato, con un vecino?

En una comunidad de vecinos habrá gente con la que te llevarás más o menos bien exactamente igual que con un hermano o con un cuñado, con un tío o con un padre, o incluso mejor. La importancia del vecindario es mucha, porque finalmente son los seres más próximos que tenemos. Deberíamos, de nuevo, educar para considerar esta figura.

Tal vez un vecino tiene muchas mejores dotes para la educación y para enseñar principios a un niño que el propio progenitor. Imaginemos un vecino profesor jubilado. Y más allá, muchas mujeres, en esas situaciones de maltrato (cuando la relación tenía que haber acabado tiempo atrás), se sentirían de alguna forma menos inseguras si tuvieran vecinos que conocen su situación de crisis sentimental. No digamos ya si tienen llaves para acceder a la vivienda en un momento dado.

Habría vecinos voluntarios que irían a por los niños al cole y los podrían llevar a la biblioteca pública del barrio, o que acercarían al niño a su casa, por ejemplo. Igual que los hay para pasar una tarde a la semana con una persona mayor, por ejemplo. Se podrían identificar con petos, formando parte de bases de datos de vecinos, en las juntas vecinales... Los colegios podrían tener bolsas de datos de padres que estarían dispuestos a llevar a otros niños que vivieran cerca de su casa, independientemente de que los niños tengan la misma edad.

Hay múltiples formas de conciliar independencia y vida social. No necesariamente hay que buscar pareja. Muchas parejas que dejaron de serlo no seguirían conviviendo juntas por no estar solas.

Detrás de todo este sentimiento de querer ver a las personas acompañadas hay una relación con la soledad y con la idea de que uno solo es menos feliz que acompañado. Nos podemos sentir solos en la vida muchas veces, pero no van a ser menos por tener pareja, si esta no es la adecuada y no siente uno que está en pareja.

Un adulto que viaja solo va feliz. Viajando solo raro es que diga que va deprimido. Pero veremos a parejas que estando juntas de vacaciones no parecen felices ni disfrutando del tiempo libre en esa compañía mutua. Una persona alcanzará más fácilmente la armonía y la tranquilidad estando sola antes que acompañada. Pero nos enseñan que hay que hacer el camino de la vida acompañados de otra persona. Hay un miedo colectivo a estar solo. Somos sociales pero no hay que olvidar que también individuos. Individuos que vivimos en sociedad. Pero no individuos que tenemos que ir de la mano de otro individuo en sociedad.

Para mucha gente es una proeza el hecho de que una persona viaje sola, pero para nadie es una proeza que una persona se case.

Nos recalcan una y otra vez la importancia de la familia. Hay que crecer en la idea de que sus miembros no son necesariamente más importantes que el resto de los humanos que nos rodean. Somos sociales, nos rodeamos de otros seres humanos, podemos elegir alejarnos de quien no nos trata como consideremos correcto. La familia es la reminiscencia de la tribu, y la tribu de cada uno puede estar formada por muchas personas de diferentes ámbitos de su existencia.

Hay que reducir el consumo de luz, hay que reducir el consumo de plásticos, hay que reducir todo aquello que nos perjudica o que perjudica a la naturaleza (para muchos porque finalmente vamos a ser nosotros los perjudicados), pero no hay que reducir la celebración de matrimonios con los perjuicios que eso conlleva.

Los padres que quieren educar a sus hijos en la creencia de que de mayor lo que van a hacer es casarse pueden ser cada vez menos, pero ocurre que los progenitores que piensan que tener una relación duradera puede ocurrir solo con suerte y no quieren promocionar dicha idea, suelen no orientar a sus hijos hacia ninguna otra opción. Es decir, que una persona puede decir: 'ojalá mi hijo no tenga un matrimonio malo de 50 años como le pasó a mi padre', por ejemplo, pero lo que no va es a decir que la soledad y el saber estar solo son un avance. Es como si solo se promocionara la idea del matrimonio por aquellos que sí que lo ven positivo, sea de la calidad que sea, pero no se habla del resto de opciones. Y habrían de ser tan publicitadas como el contrato del matrimonio. Habría que hacer campañas para que toda la gente que no opta por lo general dejase de sentirse minoría, pues hay cierta estigmatización de quien no ha optado por el matrimonio.

Desde pequeños vemos tiendas de trajes de novia, por ejemplo, pero nunca vamos a ver nada que nos diga que el día que nos fuimos a vivir solos y nos independizamos cuando dejamos de vivir con una pareja que no nos gustaba, fue uno de los días más importantes de nuestra vida y más positivo y luminoso.

Campañas que nos metieran en la cabeza que estar solo está muy bien, que hay grandes viajes para hacer con grupos de desconocidos, que leer en solitario y correr en solitario y pasear en solitario son grandes actividades, que no pasa nada por pasar de tener pareja a no tenerla... Campañas en las marquesinas de las paradas de los autobuses, campañas en los colegios, campañas del ministerio de asuntos sociales... ese Día Internacional del soltero para cada día, día de la meditación, día de hacer actividades en solitario, día del silencio...

Nos enseñan que los objetivos de la vida son estudiar, tener una carrera, formarnos, tener una familia, tener un buen trabajo... No nos enseñan que el primer objetivo de la vida sería simplemente dar luz a los demás, ayudar, ser cordial... No nos enseñan en el colegio a pensar que entre decir algo desagradable y no decirlo, es mejor lo segundo, que las opiniones de los demás son válidas como las de uno mismo, y que no hay que tratar de lograr que los demás piensen como uno.

Siempre hay a día de hoy esa campaña pro familia y pro pareja y pro futuro tradicional pero falta esa otra campaña contracorriente. Tratándose de unas elecciones generales, con un partido político que hiciera campaña y otro que no hiciera ninguna, claramente ganaría el primero. Esta campaña complementaría a la idea educacional de transmitir a niños y niñas desde la más tierna infancia el aprender a decir que no, el aprender a ser respetados, el aprender a no aguantar nada de lo que uno no quiera aguantar, nada que a uno no le guste, aprender a decir 'esto ya no lo quiero', aprender a alejarse de lo que a uno no le hace sentir bien, aprender que nadie puede menoscabar tu autoestima, aprender lo que es la manipulación, aprender que la falta de respeto se da en muchísimos detalles cotidianos y no debe ocurrir... y en cualquier caso uno no tiene por qué tolerarlo. Aprender que las relaciones no son definitivas, aprender que no hay porque llevarse bien con alguien porque sea tu hermano, ni tu pareja, ni tu padre, siquiera. Y que no ocurre nada porque eso sea así. Aprender a no sentirse rechazado porque un día uno se encuentre solo, aprender lo que es que alguien ejerza control sobre tu persona... Aprender que tener pareja no tiene que conllevar tener obligaciones... Aprender que uno tiene que hacer lo que uno quiere y no lo que quieren los demás que haga uno... Por mucho que tu padre, por ejemplo, quiera que tú sigas su carrera de medicina.

Cuando se adiestra a un perro se nos dice a los dueños que si queremos que el perro acuda a nuestra llamada, cuando logremos que venga, tendremos que recompensarle con una palmadita o con una golosina o con alguna palabra alegre. Si el perro tarda en acudir a la llamada, se nos dice que no tenemos que gritarle ni regañarle, porque si le regañamos, el perro no va a querer venir, no va a querer volver. Entendemos todos la explicación y damos por hecho que en buena lógica si alguien es desagradable, el perro querrá alejarse de la persona que no es agradable con él y no va a querer acercarse. Entendemos la lógica del perro. Sencilla. Sin embargo para nosotros la lección es otra. 'Quien bien te quiere te hará llorar'. Un dicho para consolar a quienes aguantan a alguien que no les trata bien. 'Qué pena que se acabe', 'hacéis una pareja tan buena', 'No se lo tengas en cuenta'...

Aunque la relación no sea buena hay que seguir ahí. Lo que entendemos que un perro no quiere, lo aceptamos para nosotros. O se nos ha enseñado que es aceptable en la vida.

Volviendo al asunto de la tribu, bien podríamos establecer un sistema de residencias de mujeres con hijos en las que todas se ayudaran como ya hemos dicho. No necesariamente una mujer tendría todos sus hijos con el mismo progenitor. Los progenitores de los descendientes de una mujer han de cumplir con sus obligaciones económicas, no importando que todos sean de un mismo padre. Una mujer tiene tres hijos y con la ayuda económica o el deber de cada progenitor de pasar la pensión alimenticia de los hijos tenemos unos hermanastros que se llevarán igual de bien que si fueran hermanos del mismo progenitor, o igual de mal. Pero si hay problemas con alguno de los progenitores la mujer va a estar segura en una residencia o en una morada en la que el grupo, un conjunto de mujeres, convive junto.

Ninguna mujer ni ningún hombre de esta forma tiene que permanecer conviviendo con una persona con la que ya no quiere convivir porque la situación de enajenación por amor ya pasó, independientemente de cómo se acabe la relación. Porque no siempre acaban mal las relaciones. Un enfriamiento de ambos, o la buena aceptación de la nueva situación de desenamoramiento por parte del que sí querría continuar llevan a ceses de la convivencia donde puede permanecer la amistad.

Los primeros años de la vida de un niño son vitales para tener una base de autoestima, seguridad y confianza y se habla de los primeros siete u ocho años. A partir de diez años los niños comienzan a ser muy conscientes, si no lo han sido antes, de las problemáticas que se dan en las relaciones sociales. Son las problemáticas de los adultos pero el primer contacto que se tiene con ellas es bien temprano. Un niño ya viene a casa diciendo que a él no le han invitado a una fiesta de cumpleaños a la que se ha invitado al resto de compañeros. O un niño es borde con otro compañero o... Es decir, los problemas sociales que nos vamos a encontrar en la vida adulta los podemos aprender a gestionar cuando somos muy pequeños porque el colegio es la vida de los adultos para los niños, es la vida.

Si ya aprendemos a capear temporales, en la vida adulta vamos a tener muchos menos problemas. Toda la parte emocional es la que falta tratar cuando somos niños. Aprender a hablar ocurre en los primeros cuatro años y es el lenguaje que vamos a usar en la vida adulta. Aprender a relacionarnos con los demás ocurre casi desde que nacemos y también es a partir de ahí cómo van a ser las cosas en la vida adulta.

Esa lucha contra cómo se comportan los hombres de la especie es dura y ardua en Occidente, pero quedan muchos lugares del mundo donde hablar de esto ni se pasa por la cabeza.

La campaña de la gran empresa de plataforma de venta por internet en la que nos muestra que en la India hay centros de trabajo de dicha plataforma exclusivamente para mujeres nos da una idea de cuán lejos se está en un país con 1.400 millones de habitantes de hacer entender a los hombres que hay que respetar a las mujeres. Japón, fuera de Occidente, pero con ratios de bienestar y económicos que le sitúan entre los de educación superior, tiene vagones de metro exclusivamente para mujeres porque los hombres aprovechan la masificación para manosear (vagones separados hay en muchas urbes, pero quiere decirse que aún donde la educación debería ser tal que no fueran necesarios, lo son).

Tenemos campañas en las que te dicen que no se tolere el maltrato, que la humillación es maltrato, que no por llevar muchos años siendo maltratado hay que aceptar. Hay noticiarios en los que, tras dar la noticia de un nuevo caso de violencia machista, aparecen dos presentadores recordándonos que la violencia verbal también es violencia. Están animando a los individuos (se entiende que los mensajes van dirigidos a mujeres, si bien cualquiera puede considerar su situación, con independencia del sexo, claro es) a hacer algo al respecto, pero detrás de esas campañas tiene que haber un camino para seguir, tiene que haber una base sobre la que apoyarse, una infraestructura para que quien por fin da el paso lo haga con una garantía de bienestar, y para ello hay que emplear muchos medios y recursos públicos, crear residencias, hacer vivienda social con apartamentos, complejos residenciales con zonas comunes, tanto en ciudades como en localidades pequeñas, si queremos que las mujeres puedan salir de las situaciones de maltrato. Hay que animarlas a salir, pero no pueden encontrarse haciéndose la pregunta ¿y ahora qué?

Hablamos de complejos residenciales para familias monoparentales, para personas solas, separadas, con servicios comunes, donde se esté solo, en la parte privada, o acompañado. Un sistema de viviendas económico, donde el espacio reservado para cada uno sea reducido, pero accesible, y que lleve a la idea de una convivencia tribal adaptada a nuestro tiempo.

Una vida adulta donde las decisiones se tomen más rápido a la hora de tener que poner fin a una relación, porque haya mecanismos colectivos que favorezcan esa toma de decisiones. Se reducirían las situaciones de maltratos, las violencias atribuibles a la convivencia, y el sentir individual, y a la postre colectivo, llevarían a una convivencia entre los seres humanos más fácil y menos dura.

Puede que con ese tipo de forma residencial, por otro lado, esquivemos el enfrentamiento de bruces con esa soledad tan temida. Nos sentiremos acompañados. Muchas personas emparejadas no lo estarían si tuvieran un sitio como este al que trasladar su residencia. Quiere decirse que sorteamos así esa asignatura pendiente que es el aprender a estar solos, y con uno mismo, pero, al fin y al cabo, vayamos por pasos. Ahora mismo, se pasa del modelo universal (de pareja permanente) a 'estar solo' cuando te separas. No es ese el mejor momento de la vida para tener que afrontar esa soledad, con lo que el sistema de convivencia 'híbrida' que se ofrecería es una solución (y puede no concebirse como opción temporal, sino también de larga duración). Cabe pensar que la convivencia en residencias colectivas pudiera ser un fracaso, y los integrantes de las mismas chocaran en caracteres y hubiera conflictos, pero, ¿no es acaso lo que hay en las relaciones de pareja terminadas donde se permanece bajo el mismo techo? Es decir, podrá ser igual de malo (y tampoco, porque uno marcharía a su apartamento), pero no peor.

Oigo en los medios sobre un pueblo donde vecinos de mayor edad han decidido vivir juntos, para cuidarse los unos a los otros y estar acompañados. Otra vuelta a la tribu, naturalmente.

Otra solución, u otra forma de relación, podría ser aquella en la que los progenitores no convivieran. Se mantendría una relación sin convivir bajo el mismo techo, pero no porque se haya acabado la relación, sino porque así se ha querido. Ahora mismo, lo normal sería pensar que si quien no convivía va a tener descendencia, habrá de juntarse a convivir o, de lo contrario, lo normal es que la relación sentimental finalice. Habría de normalizarse que se de esta situación en la que el espacio de cada uno es independiente, sin convivencia, si bien continúan con una relación de pareja positiva.

Al igual que puede darse esta opción de no convivencia de los progenitores, cosa que puede hacer que se lleven mejor y los niños desde el principio estarán tan contentos porque es lo que conocen, otra opción pasa porque los progenitores sigan conviviendo juntos pero sin tener que tener la obligación de la fidelidad.

Puede haber padres y madres que prefieran seguir viendo a sus hijos a diario, ambos, y puedan, porque se lleven bien, y uno entienda que el otro también quiere ver crecer a sus hijos con la convivencia de cada día. Que uno de ellos se va con una pareja de fin de semana... pues se va.

Hay variadas y múltiples opciones si entendemos nuestra naturaleza, y si damos prioridad a nuestra necesidad de sentirnos libres. Cuántas parejas sin hijos a día de hoy tienen claro que cada uno ha de tener su espacio, y se juntan cuando quieren, pero luego cada uno tiene su sitio. Pues teniéndolos, podría darse igual situación.

También se da ahora el caso de personas que sin tener pareja quieren ser padres. Se emparejan las personas, y acuerdan una custodia compartida, o una custodia materna en la que el padre pueda disfrutar de ese hijo que ha querido tener en los periodos que le toque. Es de resaltar que, si bien no se duda nunca que una madre quiso ser madre (aunque se den casos de arrepentimiento, que son tabú), vemos más comúnmente a hombres que han sido padres porque es lo que tocaba, una vez desposados. En el caso novedoso que se considera aquí, tenemos a un padre que realmente quería serlo, si bien no encontró la mujer adecuada con la que serlo (como pasa con las madres solteras). Puede salir mal, podemos pensar. Tener hijos con un absoluto desconocido, ¿no? Pues de nuevo, considerando detalles conocidos de lo que padres y madres que formaron una familia tradicional pueden llegar a tener para con sus hijos y sus ex, mucho peor no puede ir la cosa.

Y volviendo a las formas de convivencia colectiva, ¿qué pasaría si la costumbre fuera que las puertas de las casas o pisos permanecieran abiertas? De esta forma, cualquiera que oyera que se da una situación violenta en un piso, por ejemplo, podría abrir para auxiliar a la mujer víctima de una agresión. De esa forma, nadie tiene que estar encerrado con otra persona, sin posible auxilio, cuando la diferencia de fuerza física haga que, en una pelea, una parte, sin duda, lleve las de perder (con un hombre y una mujer, siempre).

Una flexibilización del mercado laboral en materia de horarios también sería necesaria, y permitiría no tener que trabajar la jornada completa, o media jornada, que son los horarios más habituales. El marco laboral de la vida de una persona no se ceñiría al horario laboral instaurado también para todos. Se considera de manera general y global que trabajamos 40 horas semanales (o 37 y media, o 35, dependiendo de qué país occidental). Ahora bien, si las circunstancias personales son diferentes, ¿por qué solo hay un horario universalizado? Se tendría en cuenta la actividad laboral elegida por el trabajador, que podría optar, según su capacidad de ahorro, por trabajar para conseguir lo que necesita para vivir y no tener que trabajar el tiempo que no desea trabajar. Esa estructura laboral haría realmente fácil la conciliación, y también sería más fácil poder decidir a la hora de dejar de convivir con quien ya no se quiere.

En función del nivel de necesidades económicas uno elige cuánto tiempo destina a obtener los medios necesarios para cubrir esas necesidades. Uno puede querer no tener ahorros y sí tiempo libre. O uno es consumista y otro en absoluto lo es.

Además de cómo somos cada uno, hay otros dos elementos a tener en cuenta: la situación económica de cada uno por motivos familiares, y la situación personal de cada uno, también por motivos familiares. Dos empleadas de una empresa, por ejemplo, con la misma nómina, pueden ser una millonaria, por ser de familia con dinero, y la otra de familia paupérrima, y además, la primera puede no tener hijos, y la segunda, sí. Es claro que las necesidades económicas difieren mucho, con lo que las horas que cada una de ellas destina a trabajar para hacer frente a las mismas también podrían variar mucho, pero el sistema no es flexible en este punto. Hay numerosos puestos de trabajo que no necesitan que se hagan por una persona determinada, dada una cualificación. La gran mayoría, de hecho. Quizás muchos de nosotros optaríamos por trabajar solo cuatro de los habituales cinco días a cambio de una rebaja en la nómina del 20%. El sistema instaurado encauza sin que tengamos ni que decidir, casi, demasiados aspectos de la vida que sí que deberíamos elegir.

Y de nuevo hay que destacar en estas líneas finales el asunto de la incompatibilidad entre los precios inmobiliarios y la independencia de cada individuo. No es posible salir del hogar donde se ha crecido e independizarse, sin pareja y sin compañía, para la gran mayoría de los jóvenes a día de hoy. No es que se salga de casa porque nos emparejamos definitivamente, sino que hay que emparejarse de forma permanente para poder salir de casa. Los precios de compraventa y alquiler no guardan una relación razonable con los sueldos de casi nadie, pero sí se logra que una hipoteca o una mensualidad de alquiler supongan la tercera parte de dos nóminas emparejadas.

¿Habrían obrado de esa manera muchas parejas si hubieran tenido la opción de independizarse de sus padres yéndose a vivir solos? Quizás no se habrían casado, y a lo mejor lo han hecho porque tras muchos años de relación, dan el paso que sigue. En muchas ciudades el coste de vivir solo no es asumible para muchas personas, y el que no está en pareja, ha de convivir con amigos o extraños, compartiendo piso, por motivos económicos.

Todo ha de ser más dinámico y flexible. Con una estructura que apoye el cambio para poder finalmente ser más independientes, y libres. En fin, hay que instaurar nuevas formas de vida y reinventar el sistema, dotándole de múltiples opciones, para romper con la situación existente y que a tan pocos conviene naturalmente.

Habría que pensar que puede que sea más fácil modificar la idea generalizada de que la convivencia de dos en dos, que algo bonito tuvieron, es un buen plan a largo plazo, que tratar de alterar nuestra naturaleza.

RESUMIENDO

Este es un ensayo escrito en contra del mantenimiento de las relaciones de mala calidad. Sabemos lo que es una relación nociva, y lógicamente no tiene nada que ver con que, en una relación positiva, donde hay apoyo, confianza y respeto, se den a veces situaciones en que hay roces, enfados o diferencias de opinión.

Tampoco tiene que ver la calidad de la relación con el hecho de que se conviva, o se sea pareja oficial o no. La toxicidad se da en relaciones que van de esporádicas, o únicamente basadas en el sexo, por ejemplo, a relaciones de 50 años de matrimonio conviviendo bajo el mismo techo, y esa toxicidad pasará factura a cada uno de los miembros de la unión. Cuanto antes se termine la relación, mejor.

Y las relaciones positivas pueden permanecer tal como son mucho tiempo, pero ocurre que también pasan a ser del otro grupo demasiadas veces (y el cambio es siempre en el mismo sentido).

Hay que disociar las ideas de que no tener pareja y estar en soledad son sinónimas. Hay que dejar atrás esa creencia de que para ser feliz, o que la manera en la que vamos a pasar la existencia más felices, es permaneciendo al lado de una única persona de por vida. Para ello, hay que poner en primer plano nuestra naturaleza. Somos individuos, y como animales mamíferos, no monógamos permanentes. Nuestro bienestar y nuestra felicidad dependen de cada uno de nosotros, y eso no significa que por ser individualistas hablemos de personas egoístas. Todo lo contrario, una persona que está bien y en paz y en armonía, por sí misma, sin depender de terceros, se aleja de aquello que le perjudica sin miedos y proyecta buenas vibraciones con quien quiera que se relacione. Nada tiene que ver su situación sentimental. Una persona con paz interior la proyecta se encuentre con o sin pareja.

Por otro lado, el sentir colectivo, y el sistema, deben caminar en esa misma dirección, normalizando todo aquello que no sea estar en pareja o casado, y facilitando o poniendo los medios para que, cuando una relación termina, no se entre en situaciones tan difíciles como lo son para muchos divorciados, divorciadas y separadas y separados en nuestros días.

NOTA

He utilizado primordialmente el verbo sufrir, y el nombre del sufrimiento, a lo largo del ensayo, para referirme a lo que se siente cuando los asuntos sentimentales no son como queremos. Puede parecer exagerado, pues muchos dirán que tan mal no se pasa, o porque no todas las ocasiones o situaciones llevan a procesos mentales tan agudos o graves. Sin embargo, lo he hecho a conciencia, tratando de resaltar la diferencia entre estar en una de esas situaciones y estar en una situación armoniosa de tranquilidad mental, donde nadie aparece en tu cabeza sin permiso para traer un recuerdo negativo, donde nadie te altera con el trato que te dispensa, donde no se pasa tiempo maquinando cómo atraer la atracción de quien sea, o pensando si hemos hecho algo mal, o dejado de hacer algo, que ocasionara el distanciamiento del ser querido o, sencillamente, donde uno no está pensando que se encuentra encerrado en un lugar en el que no quiere estar.

Por otro lado, ocurre que no hay un sinónimo del verbo para poder sustituirlo expresando tan concisamente lo que se ha querido en muchas de las ocasiones en las que lo he utilizado. Sentir no está siempre asociado a algo negativo, por ejemplo, y sentir dolor nos lleva a pensar en el plano físico. Otras variantes podrían ser adolecer o doler, y encontramos que se incluyen como sinónimos, en buscadores de internet, curiosamente, verbos como aguantar, permitir, transigir y consentir.

En cualquier caso, ocurre con el verbo sufrir, que el uso del mismo, por sí solo, no da información suficiente sobre si el sufrimiento sentido es mucho o poco. Se puede sufrir levemente, aunque el verbo parece referirse a algo grave, de entrada. Y sufrir por amor, o por situaciones negativas que se derivan de un amor pasado, o de una relación sentimental nociva, en cualquier caso, es grave, porque no debería ocurrir. Hay que aceptar las cosas, comenzando por nuestra naturaleza.

AGRADECIMIENTOS

A quienes habéis apoyado con entusiasmo la idea de plasmar mis impresiones por escrito.

Este libro ha sido realizado con la fuente de letra denominada Ibarra Real. Se trata de una bella tipografía histórica española que tiene su origen en la Imprenta Real de España, en tiempos de Carlos III (1759-1788), y que hoy, dos siglos y medio después, ha sido adaptada con el objeto de poder ser utilizada en nuevos soportes y con las actuales tecnologías.

De esta manera Última Línea desea apoyar y contribuir a difundir el extraordinario patrimonio cultural y tipográfico español.